Viel Spaß mit dem Buch ♡

G. E. Pardin

Mission abbrechen,
Mission abbrechen!

Eine kleine Anekdotensammlung für Daniel F.

Für Marielle B. und die DT-Crew[1]

---

[1] Daniel F., du stehst ja schon auf der Titelseite. Das muss reichen.

„Hätten wir das etwa zu Fuß gehen sollen? Was ist die Alternative? Hätten wir mit der Bahn fahren sollen, oder mit dem Fahrrad? Wie hätten wir das denn machen sollen?"[2]

---

[2] Hans-Peter Wild, Capri-Sonne Milliardär, auf die Frage des ZDF hin, ob er ein schlechtes Gewissen habe, weil er für den Weg zu seiner Yacht den Privatjet benutzt.
Auszug aus der ZDF-Dokumentation „Milliardenspiel. Die geheime Welt der Superreichen."

INHALT

Prolog: Very Denglish　8
Helikopter ahoi　15
Die digitale Erde　22
Papier ist geduldig　28
Der Ort der maximalen Entspannung　33
Scheiß auf Meditation　38
Pop-Up-Paradise　47
Mission abbrechen, Mission abbrechen!　54
Die innere Apokalypse　65
Elon Musk hat vielleicht Recht　75
Die einzig wahre beste Erfindung　82
Hey, Daniel F.,　87
Echt Maso　88
Marry your best Friend　94
Armutszeugnis　105
Dumm und dümmer　112
Zauberhafte Aussichten　117
Qualitätskontrolle　125
Lügen haben kurze Beine　131
Zum Thema Datenschutz　137
Epilog: Emotionale Einfärbung　144
Danksagung　151

Prolog: Very Denglish

Wenn jemand mit mir englisch spricht, höre ich es als Deutsch. Bei Serien ist das manchmal verwirrend, denn wenn mich die Leute dann fragen, ob ich sie in der Originalsprache oder die Synchronversion angesehen habe, kann ich das oft nicht mehr beantworten.
Für mich klingt die Serie immer deutsch.

Als Kind einer weißen Schwäbin und eines schwarzen Afroamerikaners gestaltete sich mein Leben mit der Zweisprachigkeit bis zum Jahr 2023 wie folgt: Man nehme das Erdgeschoss eines Dreifamilienhauses mit sehr hellhörigen Wänden und einem Vermieter, der sich gerne den ganzen Tag im Garten aufhielt.

Meine Eltern haben sich dadurch belauscht gefühlt, weshalb sie sich ausschließlich auf Englisch unterhalten haben.

Meine Eltern sind oft mit sich selbst beschäftigt gewesen, aber irgendwann fiel ihnen leider doch auf, dass ich immer nur auf Deutsch antwortete bei englischen Frage- Antwortspielen und das wollten sie dann eine Zeitlang dringend ändern.
Aber jedes Mal, wenn mein Vater mir die zur Faust geballte Hand vors Gesicht hielt- keine Angst, er hat mich nicht bedroht, sondern er hat es als Interview getarnt und seine Faust sollte das Mikrofon sein-, bin ich stumm geblieben und habe die Lippen zusammengekniffen.
Bei den Frage- Antwortspielen habe ich immer nur genickt oder mit dem Kopf geschüttelt.

Bevor ich auch nur ein Wort Englisch über meine Lippen brachte, verwendete ich lieber die schnöde Grundfunktion meiner Kopfgelenke.

Ich hasse Englisch.

Frag nicht, warum.

Ist halt so.

Mein Vater hatte dann die Idee, mir ein echtes Mikrofon in die Hand zu drücken, um mich selbst beim Englischreden aufnehmen zu können, aber als sie damit auch keinen Erfolg hatten, haben meine Eltern tatsächlich aufgegeben.

Ich war schon immer ein sehr willensstarkes Kind.

Ich konnte mich dann relativ lange vor dem aktiven Einsatz der englischen Sprache drücken- mein ganzes bisheriges Leben um genau zu sein-, aber im Jahr 2023 passierte dann, was in Zeiten der global orientierten Firmenstruktur mit Fachkräften aus China, Indien und Polen halt so passiert:

Ich musste ständig englisch reden.

Amerikaner und Engländer sind da ja seltsamerweise selten bis nie dabei.

Warum eigentlich nicht?

Schließlich ist es deren Muttersprache, aber ich schweife ab, sorry[3].

In meinem Lebenslauf steht bei Englischkenntnissen natürlich *fließend*, aber das bezieht sich bei mir ausschließlich auf den auditiven Aspekt.

Und wenn ich viel und lange Englisch sprechen muss, dann vergesse ich manchmal bei anderen Gesprächen die deutschen Worte und umgekehrt, was sich mit der Zeit zu dem sowieso bereits herrschenden Chaos in meinem Kopf hinzuaddiert.

Ein sehr unangenehmer Zustand.

Ich stotterte und stammelte mich also durch mehrere Meetings, wenn Fragen an mich aufkamen und schwitzte jedes Mal Blut und Wasser.

---

[3] Warum ich jetzt doch wieder einen englischen Begriff verwende, zeige ich gleich auf.

Aber nach einer Weile fiel mir auf, dass es die anderen gar nicht störte. Und dass sie vollständig verstummten, solange ich sprach.

Ich habe leider nie gefragt, ob sich dahinter namenloses Entsetzen verbarg, oder ob sie wegen meines Gestammels irgendwann nicht mehr wussten, worum es ursprünglich gegangen war.

Ist mir eigentlich auch wumpe.

Ich bin zum Glück da raus.

Aber das ist ein anderes Kapitel.

Das steht weiter hinten irgendwo und ist auch der Buchtitel.

Aber nicht wegblättern bitte, denn jetzt kommt endlich der Plot Twist[4]:

An meinem ersten freien Wochenende nachdem ich diesen Ort des Grauens verlassen konnte, war ich

---

[4] Warum ich jetzt doch wieder einen englischen Begriff verwende, zeige ich jetzt auf- hast du die krasse Änderung im Fußnoten Textfeld bemerkt. Du bist so aufmerksam. Großartig!

auf einer Comic Convention in Stuttgart und habe mich dort mit meinem Lieblingskünstler getroffen. Und dieser Künstler benutzte eine wilde Sprachmischung aus Deutsch und Englisch, die mir seltsamerweise spontan so gut gefiel, dass ich sie beinahe intime in meinen verbalen Output integriert habe. Also beim Schreiben fällt es mir immer noch schwer, so viele englische Begriffe zu finden, aber Sprechen geht easy und macht extrem viel Fun. Eines Tages werde ich mich bei ihm dafür bedanken, dass er dem Sprachchaos in meinem Kopf mit dieser Methode so nachhaltig und effizient abgeholfen hat.

Aber fürs erste ist das nur der Hinweis, dass ich eben manchmal hier auch in zwei verschiedenen Sprachen schreibe.

Es gibt ja Übersetzungsprogramme, falls dem einen oder anderen der Sinn des Satzes dann entgeht.

Abgesehen davon, dass ich eh nicht genau weiß, wer überhaupt Lust hat, sich dieses Buch anzutun. In diesem Sinne: Enjoy.

Helikopter ahoi

Dieses Kapitel dient der Klarstellung.

Ich finde es nämlich sehr gut, wenn Eltern überfürsorglich sind. Eine der seltenen Gemeinsamkeiten, die ich mit meinem Exmann teile, was die Kinder angeht. Man denke an die vielen spontan verschwundenen Kinder. Das kann Helikoptereltern nicht passieren.

Wenn ich einen Blick in meine Vergangenheit als Kind zurückwerfe, dann muss ich sagen, meine Eltern waren von Helikoptern so weit entfernt wie Hamburg von Melbourne.

Ich erinnere mich an folgende Szenen:
Meine Eltern sitzen auf dem Sofa und unterhalten sich angeregt. Ich, damals knapp 2 Jahre alt, verkünde mehrfach lautstark, dass ich jetzt mit meinem

kleinen Laster zur Tankstelle nach Ellhofen laufen werde. Ich bilde mir ein, mich zu erinnern, dass mein Vater: "Ist gut, geh nur", gesagt hat, während meine Mutter gar keine Notiz von mir genommen hat. Ich bin dann also raus aus der Tür und bin tatsächlich 1,5 Kilometer gelaufen und bis ans Ortsende gekommen, bevor mich mein sehr aufgebrachter Vater gefunden und zurück nach Hause gefahren hat.

Als ich meinem Exfreund die Geschichte erzählt habe, mit dem Vermerk, dass mich ja auch auf dem Weg nach Ellhofen Jemand hätte kidnappen können, meinte der nur ganz trocken: "Keine Sorge, die hätten dich schnell wieder zurückgebracht. Du bist wie ich. Nervig."

Die ambivalente Aussage hat mich damals kurz sprachlos gemacht. Interessant, oder, dass ein Kompliment gleichzeitig auch eine Beleidigung sein kann.

Dann war da noch die Sache, dass ich für meinen Bruder das Dreirad aus der Garage holen wollte, nachdem meine Eltern wieder so vertieft in ihre Gespräche waren, dass sie meine Bitte überhört haben. Die Garage funktionierte noch mit so einem Feder- Kipp- Mechanismus. Meine Kraft als damals knapp 6-Jährige reichte nicht aus, um das Tor nach oben zu hieven, also steckte ich wild entschlossen, das Tor am Schließen zu hindern, meine Hand in die Federung.

Ich habe 10 Minuten gekreischt, bis mein Vater herauskam und mich befreit hat.

Meine Eltern dachten zunächst, da schreit ein Tier. Die Narbe ist immer noch auf meiner Hand sichtbar.

Der Arzt sagte, noch eine Minute länger und die Nerven meiner Finger wären abgeklemmt worden und ich hätte eine lahme Hand gehabt.

Wäre nicht so dramatisch gewesen, denn es war die linke Hand und ich bin Rechtshänderin.

Mein absolutes Highlight in dieser Serie von Eltern, die nicht gescheit auf ihre Kinder aufpassen ist aber meine traumatische Erfahrung mit dem Nachbarsjungen.

Diese Episode hat mich nämlich mein Herz gekostet.

Ja, ihr habt richtig gelesen: Mir wurde nämlich bereits mit nicht mal 3 Jahren das Herz gebrochen.

Meine Mutter sonnte sich auf unserer Terrasse auf der Rückseite des Hauses, während ich allein mit diesem Nachbarsjungen war.

Ich war unsterblich verliebt in diesen Nachbarsjungen, muss man dazu wissen. Jedenfalls setzte der mich dann auf eine unfertige Mauer und sagte zu mir:

"Wenn du mich liebst, springst du da runter."

"Aber da ist eine Pfütze."

"Wenn du mich liebst, springst du", wiederholte der Nachbarsjunge.

Ich war ein sehr mutiges Mädchen.

Und ich liebte ihn.

Ich sprang.

An sein hämisches Gelächter erinnere ich mich noch heute.

Ich bin dann mit nassen Klamotten zu meiner Mama gelaufen. Daran erinnere ich mich nicht mehr, aber meine Mama hat es mir ein paar Mal erzählt. Ich habe geweint und gesagt: "Mama, warum tut das so weh." Und damit meinte ich nicht meinen vom Sprung schmerzenden Körper.

Ich meinte mein Herz.

Denn in diesem Moment nach dem Sprung hat sich meine Definition von Liebe gebildet:

Liebe muss wehtun, Liebe darf nicht erwidert werden und zudem muss ich dafür auch noch verspottet werden.

Mein Exmann hat alle drei Voraussetzungen perfekt erfüllt.

Wer jetzt Tränen in den Augen hat, dem sei gesagt, es ist alles wieder gut. Ich habe mich einfach selbst in der Vergangenheit von der Mauer geholt und den Frieder[5] angebrüllt, was ihm einfällt, mit mir so umzugehen.

Außerdem habe ich meinen inneren Jesus gefunden und meinen Liebesbegriff damit geheilt, um mich kurz zu fassen.

Mein kleinerer Sohn ist mit 2,5 Jahren auch einmal verschwunden. Er kam 200 Meter weit bis zum Kreisverkehr, wo er von einer Mutter, die zufällig auch zu Fuß mit ihrem Kind unterwegs war, eingesammelt und zu mir zurückgebracht wurde. Ich hatte nicht mitbekommen, dass mein Sohn

---

[5] Name von der Redaktion nicht geändert, weil Nachname nicht mehr parat.

inzwischen auch schwere Türen öffnen konnte und war mit dem Großen noch in der Waschküche. Den vorwurfsvollen Blick der Mutter bei der Übergabe werde ich nie vergessen, dabei war das wirklich das erste und einzige Mal, dass mein Sohn verschwunden ist. Mir ist schon klar, dass ich meine Kinder nicht vor allem Übel bewahren kann, aber ich kann aus eigener Erfahrung sagen, dass es nicht schadet, das Maximum an Nähe zu erhalten, solange man sie braucht, um dann später mit sich selbst im Reinen sein zu können, weil man über Urvertrauen verfügt. So, genug Klugscheißerreden geschwungen.

Helikoptern ist super. Basta.

Die digitale Erde

Ich mache nicht gerne Smalltalk.

Falsch.

Ich mache gerne Smalltalk, wenn es sich um das Wetter handelt. Alles andere plätschert leider an mir vorbei.

Also du kannst dann mit mir reden, aber es landet sofort im Gehirngarbage und eine qualifizierte Antwort meinerseits erfolgt nicht.

Sorry not sorry.

Also wenn du mit mir Smalltalk machen willst, dann erzähle mir etwas über das Wetter.

Am liebsten rede ich übrigens über Wetterkatastrophen. Schon allein das Wort finde ich richtig super. Es klingt wie ein superspannender Kinofilm.

Über Kinofilme unterhalte ich mich tatsächlich auch gerne, aber das machen wir jetzt nicht, sondern wir bleiben bei den Wetterkatastrophen.

Dann gibt es da noch Unterkategorien, die auch sehr schöne Bezeichnungen haben, wie beispielsweise Starkregenereignis oder Monster-Gewitterzelle.

Hauptsache, es hört sich dramatisch an.

Oft ist es interessanterweise so, dass bei diesen Wetterkatastrophen gar nicht so viele Leute sterben, wie man es sich vielleicht wünschen würde.

Habe ich das gerade geschrieben?

Ich meinte, wie man vielleicht meinen könnte.

Upsi.

Allgemein ist so eine Wetterkatastrophe natürlich tragisch für diejenigen, die davon betroffen sind.

Aber ich finde es trotzdem in Ordnung, mit der Nachbarin bei strahlendem Sonnenschein und lauschigen 15 Grad im Januar über Flutkatastrophen, extreme Dürreperioden und Blitzeisblizzards zu reden.

Man soll ja global denken.

Wer gerne einen Blick auf wissenschaftliche Internetseiten wirft, der hat vielleicht mitbekommen, dass der Auslöser für diese Ereignisse darin begründet liegt, dass etwas mit den Strömungen und der Durchmischung der Luft und Wassermassen nicht mehr so ganz in Ordnung ist.

Woran das jetzt so genau liegt, dazu mache ich keine Aussage.

Mein Lieblingskollege war neulich in Spanien im Urlaub. Ich habe einen Bericht gelesen, nachdem es bei ihm in der Region zu Erdrutschen wegen Starkregen gekommen sein soll.

Als er wieder aus dem Urlaub zurück war, habe ich ihn darauf angesprochen und ihn etwas sensationslüstern gefragt, wie denn die Schlammschlacht so war.

Er hat mich einen Moment irritiert angeschaut und ich musste dann erklären, dass ich gelesen habe, dass es bei ihm wie aus Kübeln geregnet haben soll.

Er hat dann gesagt, das war im Nachbarort. Und dass sich diese Regenwand nicht zu ihm bewegt hat.

Da ereilte mich dann ein Gedankenblitz:

Die Erde macht jetzt auch auf digital.

Die Signale- in unserem Fall das Wetter- werden halt jetzt gerastert, anstatt wellenförmig analog zu verlaufen.

Mein Lieblingsarbeitskollege hat sofort verstanden und wir haben uns kaputtgelacht.

Deshalb liebe ich ihn.

Wir haben denselben Humor.

Außerdem sieht er ultrafies aus, wenn er lacht, weil er sehr diabolische Augenbrauen hat und irgendwie macht mich das ganz wild.

Okay, jaha ich bleibe beim Thema, sorry.

Die Digitalisierung der Erde steckt noch in den Kinderschuhen, wenn bisher nur Länder und Regionen davon betroffen sind.

Interessant wird es, wenn die Signaldichte zunimmt. Da benötigt man dann für jeden Quadratmeter eine eigene Messstation und den Wetterbericht zusammenfassen ist praktisch nicht mehr machbar.

Dann habe ich Gesprächsstoff bis an mein Lebensende und muss vielleicht gar nicht mehr ans Meer fahren, um Urlaub zu machen, wenn das Wetterextrem das Meer einfach bis vor meine Haustüre bringt in Zukunft.

Ich wohne bereits passend in einem Haus mit einem Walmdach, das man auch als Reetdach werten könnte.

Und dann können meine Nachbarin und ich uns bei lauschigen 40 Grad und 95 % Luftfeuchtigkeit im Juni direkt am Strand über das Wetter, das beim

Nachbar so herrscht, unterhalten, weil wir ja in Sichtweite sind.

Ein Außendampfbad ist das dann und ich liebe Dampfbäder.

Total praktisch und ganz ohne Eintritt zahlen zu müssen.

Jetzt habe ich voll gute Laune.

Papier ist geduldig

"Hello, my name is Dean and I'm calling you from Microsoft." Die Stimme am Telefon hat einen starken indischen Akzent, aber ich bin gedanklich zu abwesend, um den Namen in Frage zu stellen.
Ich komme gerade aus dem Schlafzimmer und habe meinen kleinen Sohn stillend in den Schlaf begleitet.
Also auf mich hat Stillen durch den starken Oxytocin-Ausstoß eine Wirkung wie holländische Kräutermischungen auf chillfreudige Jugendliche.
Ich lausche deshalb nur mit halbem Ohr der aufgeregten Stimme, die irgendwas von Sicherheitsproblemen auf meinem Rechner sagt.
Mein Rechner, muss man dazu wissen ist immer ausgeschaltet und außerdem hat er keinen Internetzugang.
Ehrlich wahr.

Für internetrelevante Dinge benutze ich mein Smartphone oder den Laptop.

Ich unterbreche den Redefluss von Dean mit der Frage, um welchen Rechner es denn genau geht. Er sagt etwas von einem Microsoft Rechner und das ich sofort einen Code dort eingeben soll. Ich bin in der Küche und hantiere mit zwischen Kopf und Schulter eingeklemmten Telefon mit den Tellern für das Essen.

Dean drängt mich, den Code einzugeben.

Ich stelle die Teller ab, gehe ins Wohnzimmer und nehme ein Blatt Papier und einen Stift zur Hand. An den Rechner kann ich später auch noch, denke ich und notiere mir brav den Code, den er mir durchgibt. Dann frage ich ihn noch mal welchen der Rechner ich denn hochfahren und mit dem Code aktivieren soll.

Dean ist kurz irritiert, dann sagt er den Satz, der mir endlich klar macht, dass es sich hier definitiv um einen Menschen handelt, der von Computern keine Ahnung hat und der dringend einen IT-Kurs nötig hätte und ganz sicher nicht im Auftrag von Microsoft Kontakt mit mir hergestellt hat:

"Any of your devices. Which one did you use?"

Ich kläre ihn auf, dass ich jetzt an keinen Rechner gehe und den Code auf Papier notiert habe.

Dann lege ich einfach auf.

Dean hat mich im Laufe des Tages noch etwa 10-mal angerufen, kein Scherz.

Im Gegensatz zu mir hat er nicht kapiert, dass ich kapiert habe, dass es sich um einen Betrug handelt, wie ich nach dem ersten Telefonat direkt mit dem Smartphone recherchiert habe.

Die Eingabe des Codes in einen Rechner hat zur Folge, dass sich der PC sperrt und man nur gegen Lösegeld einen neuen Code erhält, über den man den Rechner wieder aktivieren kann.

Ich stelle mir gerne vor, dass Dean zunächst euphorisch ist, dass er ein Opfer gefunden hat, aber dann entsetzt darüber, dass er den Code zwar erfolgreich mitgeteilt hat, aber das Opfer, nämlich ich, den Code dann überhaupt nicht so verwendet hat, wie er das wollte.

Er führte bei den Anrufen dann ständig seinen Chef ins Feld, was mich hoffen lässt, dass er richtig viel Ärger deshalb bekommen hat.

Ich finde seine Beharrlichkeit und die vielen interessanten Ausführungen, warum ich den Code jetzt doch endlich einzugeben habe, immer noch sehr amüsant.

Und vor allem amüsiert es mich, dass er nicht in der Lage war, sich vorzustellen, ich als Frau könnte ihn durchschaut haben.

Er hat mich bedroht und beschimpft.

Die Anrufwut endete erst, als er dann beim 10. Mal meinen zwischenzeitlich von der Arbeit zurück gekommenen Exmann am Telefon hatte, der ihm ruhig und sachlich erklärt hat, dass wir beim nächsten Anruf die Polizei kontaktieren werden.

Ein sehr trauriger Tag für Dean von Microsoft.

Wirklich.

Ich habe ein paar Tage später die Polizei angerufen und ihnen von dem Vorfall berichtet. Mir wurde dann mitgeteilt, dass da nichts zu machen wäre. Erst, wenn der Code auf meinem Rechner drauf ist und diesen dann sperrt, kann die Polizei eingreifen und versuchen, den Anruf zurückzuverfolgen.

Aber für solche Experimente war mir der Rechner dann doch zu schade.

Den Zettel mit dem Code habe ich einfach weggeworfen, nachdem er noch eine zeitlang als Reminder am Kühlschrank gehangen hat.

Der Ort der maximalen Entspannung

Reg dich nicht auf. Es ist alles gut.

Diese Sätze höre ich sehr oft von meinem näheren Umfeld.

Es ist wahr. Ich komme manchmal nicht in die Ruhe. Das liegt daran, dass mein Gehirn permanent wahlweise mit Plänen zur Rettung der Welt, Terminen für meine Kinder oder mit sexuellen Gelüsten blockiert ist, wobei das letztere seltsamerweise mit 80 Prozent leicht zu überwiegen scheint.

Ich sehe leider überhaupt nicht so aus, wie ich bin. Optisch reihe ich mich ein unter: Ewig junges Mädchen.

Gesichter entgleisen regelmäßig, wenn ich mein wahres Alter preisgebe. Wie oft habe ich mir schon ein Gerät gewünscht, dass eine Werwolf- Holoprojektion von mir erstellt, damit auch der letzte Idiot checkt, wie ich wirklich drauf bin. Ich könnte mich auch einfach mehr sexy kleiden, aber eins meiner Lebensmantras lautet: Bequemlichkeit vor Schönheit.

Jedenfalls hindern mich diese Gelüste auffallend häufig daran, kluge Entscheidungen zu treffen.

So wollte ich zum Beispiel mit meinem Querdenkerfreund nach drei Wochen geduldigen Anhörens völlig wirrer Verschwörungstheorien, die sich teilweise auch widersprochen haben, Schluss machen.

Aber da er mich immer nackt in seiner Wohnung empfangen hat, bin ich irgendwie unter ihn und die Situation dann außer Kontrolle geraten.

Ich bin dann heulend heimgefahren, denn es ist irgendwie demütigend, mit einer Person zu schlafen, die man im Grunde genommen absolut nicht leiden kann und mit der man keinerlei Basis hat, außer dass man körperlich einigermaßen ineinanderpasst.

Mein Lieblingskollege hat dazu ganz trocken gesagt das ist dann wohl ein Issue, wenn mein Gehirn bei sexueller Aktivität in den Fallout geht, aber ich habe kurz darauf gelesen, dass das bei Frauen normal ist.

Also verminderte Wahrnehmung während der körperlichen Interaktion. Hat mich echt überrascht, denn eigentlich dachte ich, dieser Fallout betrifft nur mich und die Männerwelt, wegen deren Schwellkörperaktivität, haha. Aber anscheinend hat die verminderte Aufmerksamkeit beim Sex auch bei uns Frauen einen archaisch-evolutionsbiologischen Hintergrund. So sollte verhindert werden, dass man sich nicht mehr reproduziert, weil man ständig vor wilden Raubkatzen auf der Hut sein musste in der Steinzeit und damit für Sex wohl wenig Zeit geblieben wäre ansonsten.

Ich bin meinen Querdenker übrigens dann eine Woche nach dem Erlebnis mit der unfreiwilligen Interaktion auf einem eher unkonventionellen Weg losgeworden, was aber zur Folge hatte, dass ich den nächsten schrägen Vogel mit mir habe interagieren lassen, leider.

Damit ist jetzt Schluss.

Ich habe den perfekten Ort der Entspannung gefunden:

In Zukunft gehe ich einfach zur professionellen Zahnreinigung.

Ich weiß, nicht jeder verbindet den Zahnarzt mit Entspannung, aber just give it a Try. You will love it!

Es ist nämlich so, dass bei der Reinigung der Zähne der Körperkontakt zur Arzthelferin ziemlich intensiv ist, gelinde gesagt.

Wenn zwei Körper sich nahekommen, dann entsteht Wärme und ein Gefühl von Geborgenheit.

Ich habe keine Lust, die Decke anzustarren, während der Behandlung also mache ich die Augen zu und lasse die Gedanken schweifen. Und dabei ist es wohl passiert. Ich bin tatsächlich an der Brust der Zahnarzthelferin eingeschlafen. Zwar nur kurz, denn dann hat mich ein Hustenanfall geweckt, weil der Absaugschlauch in meinen Rachen gerutscht ist, aber diese Erfahrung in Kombination mit dem anschließenden befreienden Lachflash hat mich komplett entspannt.

Nachdem ich die Arzthelferin über meinen Blitzschlaf aufklären konnte, hat sie sich ehrlich gefreut, bevor sie mich kritisch gefragt hat, ob ich nachts schlecht schlafe, was ich nicht verneinen konnte.

Scheiß auf Meditation

Hatte ich schon erwähnt, dass ich Visionen habe seit etwa einem Jahr? Also ich sehe Dinge, oder Personen entweder beim Einschlafen oder kurz vor dem Aufwachen. Wenige Zeit später tritt dann genau die Situation ein. Irre, oder? Und ich kann alles beweisen, denn ich führe akribisch genau Tagebuch und Traumtagebuch. Das mache ich wegen meines Exmannes, der mir konstant jegliche Kompetenz als Seherin meines eigenen Schicksals abspricht, der erdrückenden Beweislage zum Trotz. Ich kann allerdings nur meine eigene Zukunft voraussehen. Die Zukunft der anderen überschneidet sich manchmal mit meiner, weshalb ich die auch sehe, aber hauptsächlich geht's um mich.
Wenn ihr also zu mir kommen wollt, um mich zu eurer Zukunft zu befragen, kann ich euch die folgenden immer passenden Antworten geben:

Keine Ahnung.

Mir egal.

Geht mich nichts an.

Findet sie selbst raus.

Meine persönliche Verschwörungstheorie zu den Visionen lautet folgendermaßen: Das Coronavirus hat uns nicht kollektiv eliminiert, wie von den "Mächtigen" ursprünglich geplant, sondern uns zu Superhumans gemacht. Also unsere Sinne verbessert und uns die Möglichkeit gegeben, spirituell ein enormes Wachstum hinzulegen und uns dadurch überbewusst zu werden und endlich den ganzen Müll, den wir seelisch mit uns herumschleifen final zu beseitigen, um dann wieder ins Paradies zurückfinden zu können.

Klingt doch gut, nicht wahr?

Vielleicht verhält es sich mit unserer Zivilisation aber auch wie mit einer Bakterienkultur in einer Petrischale: Die Bakterien werden kurz vor dem

Kollaps der Kultur noch mal hyperaktiv und dann tschau.

Oder es liegt am Bleigehalt in der Luft.

Wusstet ihr, dass bei hohen Temperaturen die Bleikonzentration in der Luft exponentiell ansteigt?

Blei verbindet sich nämlich dann besser mit Sauerstoff.

Blei ist für das menschliche Gehirn extrem schädlich und kann zu Nervenstörungen und Wahnvorstellungen führen.

Leider habe ich gerade kein Messgerät für die Bleikonzentration in der Luft da. Es ist abgesehen davon auch sündhaft teuer. Kostet knapp 1k Euro. Aber wenn ich genug dieser Bücher hier verkaufe, dann kann ich mir ja mal eins leisten haha. Danke für den Support im Voraus.

So, zurück zu der Vision, die ich hier behandeln möchte.

Übrigens, Spoileralarm:

Frauen, die Probleme mit Komplimenten von Männern haben, die in Form eines Dickpics gesendet werden, oder die generell keine Lust auf 18+ Content haben, sollten dieses Kapitel lieber überspringen. Sorry für den späten Hinweis.

Am 25.07.2023 hatte ich also beim Einschlafen folgende nicht wirklich jugendfreie Vision: Der Unterkörper eines Mannes, in einem Badezimmer mit orangener Beleuchtung und dunklen kackbraunen Fließen, der seinen wirklich prächtigen Penis mit den Händen anfasst und sich dabei überlegt, ob der mir reicht, so größenmäßig.

Kein Scherz. Das habe ich gesehen.

Ich bin dann wieder aus dem Schlaf aufgeschreckt und wusste nicht, ob ich mich freuen sollte, oder angeekelt sein sollte, oder was genau ich davon halten sollte.

Ich konnte erst zwei Stunden später wieder einschlafen.

Es ist die eine Sache, ein Dickpic auf das Smartphone gesendet zu bekommen, aber die andere, life beim Dreh dabei zu sein. So hat sich das für mich angefühlt.

Da es sich bei dem dargestellten Schwanz um ein besonders schönes- um nicht zu sagen das allerschönste Exemplar eines Penis gehandelt hat, den ich je zu Gesicht bekommen habe, habe ich mich dann final doch eher gefreut, dass der Besitzer eines solchen Schwanzes sich Gedanken über mich macht.

An alle männlichen Leser unter euch, die vielleicht in ihrem Leben schon das ein oder andere Bild ihres besten Stücks erfolglos versendet haben: Gebt die Hoffnung nicht auf. Es gibt auch Frauen, die freuen sich darüber. So wie ich zum Beispiel.

Wobei; dadurch, dass ich jetzt so einen schönen Schwanz gezeigt bekommen habe, sind alle anderen Schwänze raus leider. Ihr braucht mir also nichts zu senden. Vor allem deshalb nicht, weil der Besitzer dieses superschönen Schwanzes bereits gefunden wurde- glaube ich zumindest.

Ich musste allerdings ganze drei Monate warten, bis die Vision Realität wurde.

Das ist lange.

Normal sind zwei Tage bis etwa einen Monat. Aber das war ja eine Einschlafvision und keine Aufwachvision, vielleicht dauert's bei den Einschlafvisionen länger. Noch keine Studie gemacht dazu bisher.

Der Mann, der an diesem superschönen Schwanz hängt, ist allerdings der mit Abstand seltsamste Mensch, mit dem ich je interagiert habe.

Ich nenne ihn den Antimaterialisten.

Meine schöne Wohnung, mein Sportauto und mein guter Job und meine Bildung haben den überhaupt nicht interessiert.

Der hat sich aufs Wesentliche beschränkt:

Nämlich ins Bett mit mir und fertig.

Aber okay, wenn ich mit so einem Schwanz herumlaufen würde, dann würde mich vielleicht alles andere auch nicht mehr interessieren. Ich könnte mich ja dann daran ergötzen, perfekt bestückt zu sein.

Also dieser Mann hat mir quasi verifiziert, dass diese ganze Kompensationsproblematik von Männern mit zu kleinen Schwänzen tatsächlich zu stimmen scheint.

Leider habe ich mit dem Antimaterialisten nur einmal interagiert. Ich vermute, er hat mich nach der Interaktion ganz schnell zunächst verdrängt und dann vergessen.

Er fand mein Gesicht zwar hübsch aber meinen Körper sehr eklig- hat er echt gesagt.

Der hat kein Blatt vor den Mund genommen. Aber wer Penisvideos versenden kann, der ist halt sehr direkt und offen. Und mein Körper ist halt wirklich gealtert, im Gegensatz zu meinem Gesicht. Glücklicherweise hat er mit den Beleidigungen bis nach dem Sex gewartet.

Ich für meinen Teil war eine ganze Woche tief erfüllt von dem Nachhall des Gefühls dieses Schwanzes in mir.

Scheiß auf Meditation.

Wirklich.

Ein perfekter Schwanz tut's auch.

Wenn ich sterbe und bis dahin keinen noch schöneren und vor allem konstant in mich tauchenden Schwanz gefunden haben sollte, möchte ich genau in diesem Moment, als ich mich auf den Antimaterialisten gesetzt habe, für immer verweilen bittedanke.

Visionen sind super ist mein Fazit, egal ob unsere Zivilisation kollabiert, oder nicht.

Pop-Up-Paradise

Ich lese gerade ein sehr interessantes Buch.
Es heißt "Die letzten Paradiese der Menschheit".
Ich habe mir das bereits vor ein paar Monaten aus dem offenen Bücherregal bei uns im Ort herausgezogen, weil mich der Einband daran erinnert hat, dass ich immer noch nicht auf den Seychellen war.
Ich will da schon seit Jahren hin, eigentlich schon seit Jahrzehnten, aber irgendwas kam immer dazwischen; erst das Studium, dann eine Ehe, zwei Kinder und zuletzt die Trennung mit chaotischem Auszug.
Ich bin also eigentlich schon lange reif für die Insel, aber momentan hält mich auch der finanzielle Aspekt davon ab, mir diesen Traum zu verwirklichen. Und die lange Hin- und Rückflugdauer. Da bin ich ja gleich wieder Urlaubsreif, wenn ich dann Zuhause ankomme, müsste also streng genommen für

immer dort bleiben dann, damit der Urlaubseffekt nicht sofort wieder verpufft. Aber da ich nicht besonders risikofreudig bin, ist Auswandern momentan auch keine Option für mich.

Während ich mir die Bilder anschaue, fällt mir auf, dass die Gesichter der Menschen, die in diesen letzten Paradiesen leben, weich und entspannt sind und die meistens auch echt gut aussehen. Fit und vital. Wenn der Band nicht von 1981 wäre, dann hätte ich vermutet, die Bilder der Menschen sind mithilfe von KI generiert worden. Wenn ich mich nämlich in der Realität so umsehe, dann finde ich in den Gesichtern der Menschen um mich herum eher Zorn- Wut- und Sorgenfalten, aufgedunsene Backen, wässrige Augen und ungepflegte Zähne. Manchmal ist noch eine Schicht Make-up drüber, dann sieht's erst schlimm aus, wenn man dem Gegenüber zu nahekommt. Und von den Körpern will ich gar nicht erst anfangen. Also praktisch das Gegenteil zu den Menschen auf den Bildern.

Okay klar, es fährt hier ja auch nicht gerade um die Ecke ein Paradies herum.

Warum eigentlich nicht?

So ein fahrendes Paradies, das wär's doch.

Oder ein Pop-Up Paradies. Morgens um 09:00 Uhr wird's geöffnet und dann kann man einen Tag lang-hm, was genau machen?

Was sind denn 2024 eigentlich die letzten Paradiese der Menschheit?

Ich grübele eine Weile darüber nach.

Maui fällt raus, weil verbrannt letztes Jahr.

Japan fällt raus wegen zu vielen Erdbeben genauso wie Indonesien mit zu viel Plastikmüll.

Und Thailand fällt vor allem auch raus, weil wegen zu wenig Infrastruktur und zu unbeständigem Wetter. Ich war schon mal in Thailand, deshalb kann ich mit gutem Gewissen sagen, das ist kein

Paradies, so wie ich es mir vorstelle. Vor allem nicht mit dieser schlechten Infrastruktur. Da kann es echt vorkommen, dass man die Straße, die man am einen Tag entlanggefahren ist, am nächsten nicht mehr findet, weil sie einfach vom Platzregen weggespült wurde. Und dann die vielen Schlaglöcher. Und die vielen streunenden Hunde und extrem viele herumfliegende leere Plastiktüten. Sieht aus, wie in so einem Westernfilm, nur eben mit Plastiktüten statt mit Heuballen.

Brr. Nee also Paradies geht meiner Meinung nach anders. Aber wie denn dann genau jetzt? Okay, so komme ich nicht weiter.

Ich lege den Bildband weg und zücke mein Handy. Eigentlich möchte ich Begriff "Paradies" im Internet recherchieren, aber dann landet mein Finger irgendwie auf dem Icon einer Social Media Seite und ehe ich mich versehe, scrolle ich mich durch die Partybilder einer Freundin. Dabei fällt mir auf, dass sie kaum Selfies von sich macht. Dafür steht im Mittelpunkt des Geschehens sehr schön fokussiert meistens ein mit Alkohol gefülltes, eher großes Glas. #glücklich #party #derabendwarderbringer #mojitoliebe und weitere diverse Hashtags stehen darunter.

Alkohol könnte man dann wohl durchaus als eines der letzten Paradiese der Menschheit bezeichnen. Ebenso wie Süßigkeiten und Autobahnen ohne Tempolimit. Ah, guck, schon drei gefunden. Praktisch. Und nicht zu vergessen, der Fernseher und noch besser Gamingkonsolen. Ich habe neulich gelesen, dass die Gamingbranche während der Coronazeit so viel Umsatz gemacht hat wie nie zuvor. Verkäufer von Wohnmobilen und E-Bikes auch. Also könnte man schlussfolgern, dass Alles, was exzessiv konsumiert wird, als Paradies gewertet werden kann.

Moment, habe ich nicht erst kürzlich gelesen, dass letztes Jahr erstmalig mehr Menschen in den USA an Drogen gestorben sind als durch Waffengewalt? Das ist ja großartig, denn das bedeutet, die Leute ballern sich zwar immer noch das Hirn weg, aber irgendwie positiv jetzt.

Aber das muss dann auch alles gratis sein, denn sonst ist es ja gar kein Paradies.

Oder vielleicht funktioniert es auch, wenn man es stark reduziert anbietet?

So nach dem Motto heute ganz günstig, Paradies im Sonderangebot.

Nur 9,99 EUR.

Spottbillig.

So billig wird's nie wieder.

Ich habe keine Lust mehr, weiter darüber nachzudenken und deshalb kommt hier die kurze Zusammenfassung:

Das letzte Paradies der Menschheit in 2024 ist ein spottbilliges Wohnmobil mit E-Bike Halterung, in dem sich Süßigkeiten, Alkohol und Drogen befinden und in dem man auch zocken und fernsehen kann und wenn man dann richtig vollgedröhnt ist, hat man vermutlich eh das Gefühl, als würde man ohne Tempolimit auf der Autobahn fahren.

Zufrieden nehme ich den Bildband wieder in die Hand.

Jetzt tun mir die Menschen von damals fast leid. Die hatten keine Ahnung, was sie alles verpasst haben.

Mission abbrechen, Mission abbrechen!

Jeder von uns trifft ab und zu Entscheidungen aus dem Bauch heraus. Zum Beispiel mit dem Rauchen aufzuhören, oder den stinklangweiligen Elternabend einfach sausen zu lassen.
Sowas halt.
Bevor ich Kinder hatte, habe ich auch etwas entschieden:
Und zwar, dass jetzt eigentlich mal gut ist mit den prekären Verhältnissen, die hier auf der Erde herrschen und die, wenn man der Bibel Glauben schenkt, von einem gewissen Luzifer verursacht werden.
Ich habe mir daher nichts Geringeres vorgenommen, als die Welt zu retten und dem Teufel die Leviten zu lesen. Aber nicht mit Waffengewalt, sondern irgendwie anders.

Ich habe eine Weile hin und her überlegt und bin dann draufgekommen, dass der Teufel bestimmt Einhörner, Regenbögen und Glitzer in der Hölle blöd finden wird und ich die Hölle damit einfach voll mülle- Also natürlich erst, wenn ich tot bin.
Prokrastinieren kann ich.
Und dann wollte ich den Luzifer damit klein kochen und ihn anschließend zurück in den Himmel bringen, damit endlich Ruhe im Karton herrscht und die Welt ist ja dann automatisch gerettet.
Jetzt ist das mit der Kommunikation zwischen dem Universum und mir ja manchmal eine etwas verzwickte Sache. Und Aufschieben kennt das Universum leider nicht. Man erhält also jede Bestellung zeitnah, bzw. solange man noch am Leben ist.
Und das Besondere beim Universum ist:
Es kennt die Vorlieben eines jeden Einzelnen.
Das lasert jedes Herz, nimmt die Bestellung damit auf und verwurstet die in eine richtig schräge

Geschichte, die man aber zu seinem Glück oder Pech selbst erleben darf.

Lebenslanges Lernen neu gedacht.

Ich betätige mich in meiner Freizeit und auch sonst überall ungefragt gerne als Philosophin und Experimentalphysikerin, deshalb gibt's hier jetzt eine kleine Zusammenfassung kosmischer Gesetze, die ausschließlich auf meinen Erfahrungswerten der letzten sagen wir mal 25 Jahre beruht und die keinerlei komplizierte wissenschaftlich fundierte Formeln oder ähnlichen Mist enthält, aber erstaunlich logisch klingt- für mich zumindest:

1. Wir sind alle aus demselben Zeug gemacht (Irre, oder?).
2. Damit sind wir alle gleich alt, haha; mein Kernphysiker- Kumpelfreund hat mir das so erklärt: Atome können sich nicht vermehren. Man kann nur den Kern anreichern oder

fusionieren irgendwie so was. Heißt, die Masse im Universum dehnt sich zwar aus, aber die Summe der Masse ist angeblich immer dieselbe.
3. Jeder von uns ist unendlich, da wir den Mikrokosmos in uns tragen.
4. Wir sind eingebettet in den Makrokosmos, der auch aus uns besteht. Wir sind also Fragmente des Makrokosmos.
5. Wir sind die physikalische Repräsentation der komplexen Informationen der Erde.
6. Wir sind zwar innerlich unendlich, aber trotzdem ein in sich abgeschlossenes System. Deshalb können wir unsere eigene Wahrheit definieren, heißt Lügen und Fantasieren.

Es würde mich mal interessieren, ob Tiere auch fantasieren können.

Ich hoffe, diese Frage wird in einem Kommentar aufgegriffen und seitenweise diskutiert.

Ich liebe an der Grundthematik vorbeigehende meistens negativ formulierte Kommentare.

Danke an alle Hater im Voraus.

7. Okay das wird zu lange.

Moment ich suche kurz raus, was zur Geschichte passt, sonst langweilig.

Sekunde.

8. Wir leben also tatsächlich in der Matrix.

Und zwar in unserer Entscheidungsmatrix.

Alle Möglichkeiten sind immer vorhanden zu jeder Zeit, aber ob sie für uns real werden und mit welchem Genre, das hängt von uns selbst ab.

It's really that simple.

So, jetzt habe ich aber sehr weit ausgeholt.

Puh.

Kommen wir nun zu der Geschichte, die das Universum aus meinen Wünschen die Welt zu retten und den Teufel zu bekehren gemacht hat.

Dazu muss ich noch kurz anmerken, dass ich eine Schwäche für sehr große, sehr gutaussehende freundlich aufmerksame Männer habe und außerdem leicht verrückt bin.

Aber wer das jetzt noch nicht herausgelesen hat, sorry- mein herzliches Beileid.

Meine Bestellung ist also letztes Jahr mit etwas Verspätung (Pi mal Daumen 13 Jahre), aber doch zeitlich ganz gut passend eingetroffen und hat sich wie folgt gestaltet:

Ich habe einen neuen Job begonnen und der war absolut grauenvoll.

Der Arbeitsort, den man jeden Tag aufzusuchen verpflichtet war, lag in einer mit Feinstaub extrem belasteten städtischen Zone direkt an der Kreuzung zweier stark befahrener Bundesstraßen.

Meine Kollegen waren allesamt dauergestresst und der Leistungsdruck war pervers.

Ein Beispiel: Ich habe einen Kollegen auf dem Flur getroffen und er hat mir in beiläufigem Plauderton eröffnet, dass er sich jetzt einen Espresso gegönnt hat- das erste Lebensmittel, das er an diesem Tag überhaupt zu sich genommen hat.

Das war nachmittags um ca. 16:30 Uhr.

Meine angebotene Tafel Schokolade hat er aus Zeitmangel abgelehnt.

Ich finde, so kann man die Hölle ganz gut beschreiben.

Darin mein Lieblingsarbeitskollege, dessen Vor- und Nachname sich bis auf das U zu Luzifer umwandeln lässt. Das Faszinierendste an meinem Arbeitskollegen ist, dass er sich vollkommen im Klaren darüber zu sein scheint, was hier alles schief läuft auf der Erde und er theoretisch auch Ambitionen hatte, mir zu helfen, aber praktisch ging da gar nichts.

Weil er nämlich überhaupt nicht an Himmel und Hölle glaubt und an die Liebe schon gleich gar nicht.

Total weird.

Der personifizierte Antichrist sozusagen.

Dieser Kollege, der trotzdem mein Lieblingskollege ist und immer sein wird, wurde mir von meinem Leidensgenossen vorgestellt.

Aus dessen Name ließ sich Rainbow machen.

Und später lernte ich noch einen der Designer vom Nachbarteam kennen und dessen Name ließ sich zu Unicorn umwandeln.

Ich habe den Kollegen sogar gesagt, dass sich die Namen umwandeln lassen, aber das hat die glaub nur mäßig interessiert. Vermutlich hatten sie einfach zu wenig Zeit, um darüber mal gescheit nachzudenken- Falsch, mein Lieblingskollege meinte ganz trocken, dass man das 'U' bestimmt auch noch im

Namen unterkriegt, bevor er zum nächsten Meeting gestürzt ist.

Falls Jemand meinen echten Namen herausfinden und sinnvoll abändern kann, freue ich mich sehr über Rückmeldung.

Ich finde Anagramme großartig.

Aber zurück zur Story: Ich wollte also den Teufel bekehren- heißt raus aus der Workzone wenigstens in die Friendzone- aber außer ein paar sehr schrägen Gesprächen, der konstanten Verweigerung des Regenbogens, was Hilfestellung angeht und der Information, dass das Einhorn einen Bruder hat, der wie Jesus aussieht, konnte ich keinerlei Erfolge erzielen. Immerhin hat das Einhorn die Welt gerettet, wenn auch nur die Firmenwelt.

Und ich bin immer noch maximal sauer auf das Einhorn, weil es meinen personal Jesus nicht rausgerückt hat. Aber den hätte ich vermutlich nur bekommen, wenn das mit der Bekehrung des Luzifers funktioniert hätte.

Ärgerlich, wirklich.

Mein Fazit aus der ganzen schrecklich schönen märchenhaft katastrophalen arbeitstechnischen Misere, die mit meiner Flucht zurück in die Elternzeit geendet hat:

1. Weiß ich jetzt ganz genau, wie sich planetare Übernutzung anfühlt.
2. Wir leben schon in der Hölle.
3. Man kann den Teufel nicht missionieren.
4. Die Workzone ist noch schlimmer als die Friendzone
5. Einhörner und Regenbögen sind in der Hölle absolut nutzlos
6. Das Auftauchen des personal Jesus hat mich immerhin daran erinnert, dass ich mal Kriterien hatte, was den Mann meiner feuchten Träume

angeht, bevor ich die zugunsten meines Ex-mannes über Bord geworfen habe.

PS: Danke für das Mentertainment anyway.
PPS: Das Universum hat den Glitzer vergessen.
Oder vielleicht galt auch der Feinstaub als Glitzer?
Really?

Heute habe ich im Radio gehört, das 65 % der Arbeitnehmer in Deutschland kurz vor dem Burnout stehen. Also das wundert mich jetzt absolut und überhaupt gar nicht mehr.
Schreibe diese Zeilen bei strahlendem Sonnenschein aus der Elternzeit heraus und mache jetzt gleich ein Nickerchen.
Der Teufel kann mich mal, habe ich beschlossen.
Ich gehe definitiv ins Paradies.
Notfalls auch allein.
Gute Nacht.

Die innere Apokalypse

Die schlechte Nachricht zuerst:

Der Weltuntergang fällt aus.

Ist ersatzlos gestrichen, wie die Züge der Deutschen Bahn AG, die zunächst mit Verspätung gelistet sind und dann einfach gar nicht kommen.

Stattdessen wird alles immer besser und besser, weil die Natur sich zum Guten hin entwickeln muss.

- Okay das passt jetzt weniger zur Deutschen Bahn AG, aber die ist ja Menschengemacht, ähem.

Das alles gut werden muss, egal wie, ist ein von mir soeben frei erfundenes, kosmisches Gesetz.

Das Beste am Dasein als Mensch ist ja, man kann sich aufgrund des freien Willens und dieser Sache mit der inneren Unendlichkeit Dinge ausdenken und dann irgendwann irgendwo irgendwie werden die real.

Und wenn auch nur auf einer Filmleinwand oder als Zeichnung.

Oder als Geschichte.

Und wir alle wissen ja sowieso, dass das Leben selbst die besten Geschichten schreibt. Manchmal mit sehr schrägem Humor unterlegt, aber okay.

Wie heißt es so schön: If life gives you lemons make lemonjuice, oder so ähnlich.

Vitamin C ist gesund. Man wird dann resistenter gegen Erkältungen.

Mein Querdenker- Exfreund würde diese Aussage mit dem ausgefallenen Weltuntergang gar nicht gelten lassen wollen haha, aber er wird dieses Buch niemals lebend zu Gesicht bekommen, weil ihn Bücher nicht interessieren.

Er bezieht seine Bildung ausschließlich aus YouTube- Meinungsmachervideos.

Was uns allerdings beide etwas irritiert hat, ist die Tatsache, dass er über denselben Account, den auch ich gesehen habe, eine komplett andere Nachricht angezeigt bekommen hat. Also das Video war identisch, aber der Sprachtext lautete völlig anders.

Vielleicht ist das das Problem: Länderbasierte Falschmeldungen der Medien. Das wäre eine Verschwörungstheorie, die mir persönlich auch gefallen würde, weil sie plausibel klingt.

Anti-Globale, Nationalistische Propaganda- Fake-News quasi.

Was für eine tolle Kombination.

Fakt ist, wir haben das sprachlich manipulierte Video für den deutschsprachigen Raum nicht gefunden.

Aber ich möchte nicht weiter darüber nachdenken jetzt und auch nicht auf Corona und Wahrnehmungsverzerrungen aufgrund von zu lange erfolgter

Isolation eingehen, sondern jetzt kommt endlich die gute Nachricht.

Also gleich kommt sie.

Zuerst muss ich noch anmerken, dass prinzipiell die Bibel für uns Frauen gar nicht gilt - vom Sündenfall mal abgesehen- und überhaupt einige glaubensrelevante andere Texte ebenfalls nicht, was lustig ist, denn eine Frau hat ursprünglich die Schrift erfunden, aber Schwamm drüber.

Jedenfalls scheint es sich mit der Apokalypse so zu verhalten, dass sie sich ausschließlich **innerlich** ereignet.

Wie kann das sein, fragt ihr euch jetzt?

Naja, ich erkläre es euch gerne.

Und zwar anhand von mir selbst.

Also ich war praktisch Teilnehmer einer ganz großen Studie; vielleicht bin ich es auch noch.

Und zwar habe ich ja meinen Liebesbegriff neu definiert- siehe *Helikopter ahoi*- und dazu war enorm viel innere sehr nervenaufreibende sogenannte Seelenarbeit notwendig.

Ich bin froh, dass mich meine Freunde (und Feinde unfreiwillig) dabei bestmöglich unterstützt haben- Danke an euch, und besonders an dich, Daniel F., denn ohne eure/deine Hilfe hätte ich es nie geschafft, diesen falschen Liebesansatz loszuwerden. Ich bin ihn losgeworden und habe meine innere Apokalypse auch noch überlebt.
Halleluja!

In mir herrschten:

1. Hunger: unerfülltes, extremes körperliches Verlangen.
2. Krieg: Aggressionsgedanken der besonderen Art, weil ich nicht bekommen habe, was ich wollte- zumindest nicht dauerhaft.

3. Krankheit: Ich war super lange krank letztes Jahr. So lange war ich noch nie krank. Ich glaube es war insgesamt fast ein halbes Jahr Dauererkältung mal stärker mal schwächer und
4. Tod: Mein Herz hat sich angefühlt, als würde es verbluten. Ehrlich wahr. Kein schönes Gefühl. Und ich bin jeden Tag auf dem Weg zur Arbeit innerlich mehrfach gestorben.

Aber schaut mich an, ich lebe ich noch.
Und meinen Humor habe ich auch behalten.
Der wurde vielleicht dadurch sogar etwas geschärft, wenn man das so sagen kann.
Ich kann euch guten Gewissens sagen, das Gefühl, das ihr bekommt, wenn ihr die innere Apokalypse mal erlebt und überlebt habt, so ein gutes Gefühl, das bekommt man nicht mal wenn man alle Drogen der Welt zusammennehmen würde- ich sage das leider erfahrungsfrei, aber wenn ich's mal

ausprobiert haben sollte, melde ich mich- falls das dann noch geht.

Wenn man den inneren Weltuntergang mal überlebt hat, dann kann einem Nichts mehr passieren.
Hoffe ich zumindest.
Okay und es wird sehr langweilig und einsam auf dieser Stufe der Selbstheilung, habe ich festgestellt, weil alle anderen kreiseln ja weiter in ihren Loops, wenn die nicht gelöst werden. Und das kann halt jeder nur für sich selbst erledigen letzten Endes. Da helfen auch keine Psychologen und Therapeuten. Vor allem dann nicht, wenn die auch noch in ihrem Loop stecken.
Naja.
Aber irgendwo in deiner Vergangenheit ist er, dein Herzmensch. Dein innerer Jesus sozusagen, oder bei Männern dann die innere-
ja wer denn eigentlich genau?

Vielleicht die innere Lady Di?

Kann mich da mal ein Mann aufklären, oder kommt da dann auch der Jesus??

Auweia, das wird mir hier jetzt wieder zu kompliziert.

Also jedenfalls bin ich ein Shaker, um es kurz zu machen. Die Religion der Shaker ist fast ausgestorben, aber ich finde, die macht am meisten Sinn.

Die Shaker sagen nämlich, dass der Jesus immer zurückkommt. Wie er auch versprochen hat. Damals vor 2024 Jahren.

Er hat nicht gelogen und kommt zu jedem persönlich.

Innerlich nämlich, wenn man bereit dafür ist.

Und dann muss man eben durch diese fucking innere Apokalypse durchgehen, um sich von den vier großen Grundproblemen zu befreien, die bei der Vertreibung aus dem Paradies entstanden sind und die da wären:

Schuld, Scham, Angst und daraus resultierend Überforderung.

Bäm!

Bibelwissen kompakt zusammengefasst.

Raucht euch jetzt der Kopf??

Gut so.

Nochmal Lesen hilft.

Niemand ist perfekt- außer mir jetzt also.

Und Gott natürlich.

Schade, dass ich seine Telefonnummer nicht habe.

Dann könnte ich ihn kurz anrufen und fragen, wie lange ich den Scheiß jetzt noch mitmachen muss, bevor er mich zu sich holt und ich mit ihm meinen innersten persönlichen Himmel erleben da-

Autsch! Stopp.

Ich habe natürlich einen großen Teil, der nicht perfekt ist, vergessen.

Sozial betrachtet bin ich ja eigentlich nämlich am Abgrund, da ich von der Gesellschaft als alleinerziehende Mami mit Migrationshintergrund betrachtet werde.

Und ich bin eine echte Bad Mom.

Kids mehrere Stunden vor dem Fernseher parken, damit ich zu mir selbst komme und McDonalds statt selbst gekochtem Mittag- oder Abendessen keine Ausnahme bei mir.

Selbst backen auch kein Bock, gibt ja Bäcker und Supermärkte mit Fertiggebäck.

Da muss ich dann jetzt wohl noch eine Weile weiterleben.

Glück gehabt und Ich beschwere mich nicht.

Jetzt bin ich echt froh, dass ich diese Nummer nicht habe. Sonst wäre ich sicher in heftige Erklärungsschwierigkeiten geraten.

Danke lieber Gott für die Nichtbereitstellung deiner persönlichen Kontaktdaten.

Elon Musk hat vielleicht Recht

Achtung, wer momentan oder generell keine Lust auf selbstkritische Reflektion der eigenen Persönlichkeit verspürt, der sollte das Kapitel auf jeden Fall überspringen.
So freundlich bin ich.
Ich kündige sogar Breitseiten an.

Es ist aber das einzige Kapitel, in dem ich mal zum Angriff übergehe.
Alle anderen Kapitel sind handzahm- okay von *Scheiß auf Meditation* mal abgesehen, aber das haben wir ja bereits durch.
Augenzwinker.
Oder hast du das, Mimimi, übersprungen?
Pussy!
Ach komm, trau dich.
Lies es.

Jetzt.

Sofort.

Komm schon.

Nicht?

Na gut. Ich kann dich nicht dazu zwingen.

Deshalb hast du einen freien Willen.

Kennst du die Maslowsche Bedürfnispyramide?

Falls nicht, schau dir die Erklärung im Internet an.

Ich will jetzt nicht darüber lamentieren.

Aber im Hinblick auf das vorangegangene Kapitel,

das hoffentlich jeder gelesen und verstanden hat,

muss man an diese Selbstverwirklichungssache anders rangehen, als von Maslow intendiert.

Und deshalb kommt hier der einmalige, nachhaltige Appell mit beabsichtigtem Drohcharakter:

Arbeite an dir selbst!

Ja, mach es jetzt mal, was hält dich auf?

Für was genau meinst du denn eigentlich, ist das Leben wirklich da?

Zum Reality-TV Shows anschauen?

Zeit im Fitnessstudio verbringen?

Für Kneipentouren?

Einen Kaufrausch beim Schuhkauf erleben und viel zu viele Schuhe kaufen, weil alle reduziert erhältlich sind?

Falsch!

Das ist nur die Füllepisode dieser Serie, verstehst du? Diese ganzen Sachen sind nur dazu da, damit du dich von der anstrengenden Arbeit an dir selbst erholen kannst zwischendurch.

So nett ist das Universum.

Aber irgendwann ist halt auch mal gut mit Pause und man sollte sich wieder an die Arbeit begeben.

Jeder, der Zeit hat, dieses Buch zu lesen, hat den oberen Bereich der Maslowschen Bedürfnispyramide doch schon längst gesprengt.

Also mach jetzt mal!!

Wirklich!

Das ist ein Befehl!

So!

Hier noch ein kleiner, gedanklicher Arschtritt zur Verdeutlichung der Problematik mit der Auswirkung der verplemperten Lebenszeit auf die Ewigkeit danach, wenn man diese Arbeit an sich selbst unterlässt, aus welchen Gründen auch immer:

Stell dir mal vor, der Elon Musk hätte recht mit seiner Simulationstheorie.

Dann würde das bedeuten, dass jeder, der sich nicht an die Regeln der Heldenreise in dem Game hält, rausfliegt bzw. failed. Und dann wieder hier landet.

Stichwort Karma.

Und dann muss man das Game wiederholen, weil man den Endgegner- also sein negatives Selbst in der inneren Welt- **nicht** besiegt hat und zum Helden aufgestiegen ist.

Dödöm.

Man darf dann noch mal ran, anstatt mit Prinzessin Jasmin im Arm zu einem superkitschigen Song in 8 Bit- Qualität auf einem Teppich durch die sternklare Nacht zu fliegen.

Okay vielleicht gibt's im Jenseits keine Kneipen und keinen Alkohol.

Dafür will ich meine Hand jetzt nicht ins Feuer legen.

Vielleicht gefällt's dir hier ganz gut, dann ist das vermutlich auch okay, diesen Loop immer und immer wieder zu machen.

Mir persönlich wär's hier auf Dauer zu langweilig und ich bin wild entschlossen, dieses Game zu gewinnen, um herauszufinden, was denn im innersten Himmel wirklich so abgeht.

Okay das war jetzt schon wieder viel Output/ Input, aber mal ehrlich, was denkst du, wofür genau das Gehirn gemacht ist?

Für Matherätsel?

Ernsthaft?

Naja.

Verstehe ich.

Ich mag Matherätsel auch total gerne, vor allem solche mit lustigen Bildchen, die einem in die Irre führen sollen, weil dann im finalen Fragebild halbe Socken statt ganzer Socken dargestellt sind, oder ein Salatblatt auf dem Burger fehlt- Ist gut.

Es ist eh deine Entscheidungsmatrix und nicht meine.

Ich könnte jetzt noch mehr Plattitüden loswerden, aber jetzt ist mir irgendwie die Lust zum Weiternörgeln vergangen.

Mir doch egal, was du mit deinem Life so anfängst.

Jeder, der nicht mitmacht, darf ja sowieso noch mal ran, ob er will oder nicht.

So, genug gedroht für heute finde ich.

Ich mache jetzt ein Nickerchen.

Zu viele negative Vibes gespreaded.

Scheiße.

Tschüss.

Die einzig wahre beste Erfindung

Eine gute Freundin von mir hat für meine Kids neulich sehr viele Bücher mitgebracht. Eines davon heißt "Die genialsten Erfindungen". Darin aufgelistet sind Werkzeuge, die unter anderem der Lichterzeugung dienen, Waffen und Waffensysteme, Schriftzeichen und Symbole, Schiffe, alles, was sich mit Rädern fortbewegen kann, Luft- und Raumfahrt, Energiegewinnungsmethoden, Navigationssysteme, Teleskope und Mikroskope, Pharmazeutische Lösungen, Zeitmesssysteme, Telekommunikationserrungenschaften, Erfindungen im Bereich der Informations- und Unterhaltungselektronik und der Schienenverkehr.

Den liste ich hier erst zum Schluss auf.

Aus Trotz.

Ja, so eine Lokomotive mag ja generell eine großartige Erfindung sein, aber wenn ich mich auf die

Deutsche Bahn hätte verlassen können, dann wäre meine Ehe nie zustande gekommen.

Okay, ich hätte auf zwei wundervolle Kinder verzichtet, aber dafür wäre ich jetzt sicher bereits Multimilliardärin mit irgendeiner anderen genialen Erfindung und würde Cocktailschlürfend am Strand meines Vertrauens vor mich hindösen.

Oder hätte stattdessen früher in den Betrieb meines Lieblingskollegen gewechselt und mit dem die Kinder gemacht und meine selbst gewählte Mission damit vielleicht doch noch erfüllt.

Das alles hat die Deutsche Bahn sauber vereitelt, indem sie meinen Exmann bei unserer ersten Begegnung zu folgendem Satz gezwungen hat:

"Der Zug fällt heute aus."

Ohne diesen Satz wären wir nie zusammengekommen. Kein Scherz.

Mein nächster Mann darf mit der Bahn also nichts am Hut haben, sonst sehe ich für eine gemeinsame Zukunft rot.

Aber eigentlich wollte ich gar nicht so viel über die Deutsche Bahn AG lästern, denn in manchen Regionen funktioniert der Schienenverkehr sehr zuverlässig.

Die Region, in der ich wohne, zählt halt einfach nicht dazu.

Meine Nachbarin und ich sind neulich unabhängig von diesem Buch auf das Thema super tolle Erfindungen gekommen und haben dann festgestellt, dass wir wieder einmal wie eine Person über das Thema denken.

Dreimal dürft ihr raten, was denn in unseren Augen die genialste Erfindung ist und Spoiler, es ist nicht der Fußball, sondern, genau:

Das Bett.

Leider wird das Bett, obwohl schon lange traditionell in unseren Alltag integriert in dem Buch mit den genialsten Erfindungen überhaupt nicht erwähnt. Ich vermute, dass es daran liegt, dass man im Bett schläft und Schlaf, so habe ich gelesen, ist seit der Industrialisierung nicht mehr so beliebt bei uns Menschen, denn er zeigt uns auf, dass wir ermüden, was Maschinen nicht so schnell passieren kann.

In der Hinsicht sind uns Maschinen haushoch überlegen.

Übrigens:

Süßigkeiten und Pommes stehen in dem Buch mit den genialsten Erfindungen auch drin.

Und meine Kinder bestätigen mir sehr gerne, dass sie diese Erfindungen auch genial finden.

Aber das ist klar, die gehen auch nur mit Zwang ins Bett und der Große erklärt regelmäßig, noch gar nicht müde zu sein, nur um dann nach zwei Minuten Ruhepause leise schnarchend zu entschlummern.

Das Bett mag in Kinderaugen vielleicht keine geniale Erfindung sein, aber wenn sie mal erwachsen sind, bin ich mir sicher, sie werden meiner Meinung sein.

Ich befrage die beiden dann in etwa 12 Jahren noch mal dazu.

Hey, Daniel F.,

schön, du hast es bis hierhergeschafft. Gratulation.

Hier ein Bild von dem Bett, über das wir mal geredet haben.

Von meinem Daddy für mich gezimmert.

Das Bild ist angeblich von 1984.

Echt Maso

Ich gebe zu, es ist natürlich nicht die Schuld der Deutschen Bahn AG, dass die Ehe mit meinem Exmann so krachend gescheitert ist.
Ich habe ihm zum Wohle des Familiengründungsgedankens nämlich einen wichtigen Teil von mir verschwiegen.
Ich bin eigentlich eine Hardcore-Masochistin.
So, mein Coming-Out habe ich damit jetzt also auch abgevespert.
Hervorragend.
Konfetti in die Runde.
Das ich masochistisch veranlagt bin, weiß ich selbst, seit ich mit etwa 23 Jahren den Film "Secretary" gesehen habe.
Der Film hat mir damals die Augen geöffnet.

Und ich liebe kreative Liebesfilme mit außergewöhnlich gut zusammenpassenden Paaren abseits jeglicher Norm.

Stichwort Neo und Trinity. Eines der besten Liebespaare auf der Filmleinwand, dicht gefolgt von Mr. and Mrs. Smith, auch wenn die erst aufhören müssen, sich gegenseitig zu belügen, um richtig zusammen zu finden. Nach 5,6 Jahren konstruierter Ehe.

Falls du jetzt Lust auf Filmeschauen bekommen hast, leg das Buch ruhig weg.

Fernsehen kann auch entspannend sein.

Vergiss das Lesezeichen nicht.

Bis später.

Edward Grey und Lee Holloway sind aber mit Abstand mein absolutes Lieblingspaar, weil in dem Film BDSM mit Romantik verknüpft wird.

Ich bin eine sehr romantisch veranlagte Hardcore-Masochistin.

Die Jane Austen des BDSM quasi.

In der Realität hat das romantisch angehauchte Aussprechen meiner innersten Wahrheit leider zum totalen Cut geführt, denn mein Exmann ist nur außerhalb des Bettes und nur auf Maschinen bezogen extrem dominant und sadistisch veranlagt.

Ich habe noch keinen anderen Menschen erlebt, der so viele Maschinen so grausam zu Tode gequält hat.

Die zerstückelten Leichen von diversen Mähern, Kettensägen und kleinteiligen Elektrogeräten liegen überall auf dem Grundstück herum, denn Teile von ihnen verwendet er ab und zu, um andere kaputte Geräte damit wiederzubeleben, wenn er in guter Stimmung ist.

Mein Exmann ist aber im Bett voll Vanilla, wie man in der Szene heutzutage sagt.

Nichts gegen Vanilla.

Aber ich bevorzuge halt Pfefferminze oder Ingwer, um bei den Gewürzen zu bleiben.

Aber wir wollten eigentlich den Begriff Masochismus klären. Sorry.

Ich habe erst am letzten Tag im Jahr 2023 den Impuls verspürt, diesen Begriff genauer zu untersuchen.

Dazu begab ich mich ins Internet und stieß auf den Begründer des Masochismus, einen gewissen Leopold von Sacher-Masoch. Der Herr von Sacher-Masoch hat im 19. Jahrhundert erotische Belletristik verfasst.

Übrigens geht auch die Bezeichnung der Sachertorte auf den von Sacher-Masoch zurück, wie ich erfahren habe.

Lustig.

Der Herr von Sacher-Masoch hatte außerdem eine Schwäche für elegante, extrovertierte, bildschöne dominante Damen in Pelzmänteln, die Peitschen oder Ketten in der Hand hatten. Ob die auch zum Einsatz kamen, konnte ich irgendwie nicht klären. Jedenfalls ist Masochismus die Bezeichnung für seine Definition von Erotik.

Von Lack und Leder ist da übrigens nirgends die Rede gewesen und ich persönlich finde Pelz auch viel erotischer.

Warum denke ich jetzt an sehr dominante, sehr flauschige Werwölfe, die Ketten an meinem Lederhalsband befestigen?

Menno.

Die BDSM-Darstellung des Herrn von Sacher-Masoch bedient allerdings eher das Thema Hingabe und Anbetung der Herrin ohne weitere extreme Handlungen.

So viel dazu.

PS:

Woran erkenne ich jetzt eigentlich meinen Ingwer-Pfefferminzmann?

Hallo Universum, hörst du zu?

Schätze, mein Engel ist mal wieder in irgendeinem Zustand.

Du verstehst nur Bahnhof?

Das nächste Kapitel bringt Klarheit.

Marry your best Friend

Marry your best Friend.

Dieser Satz springt mir zurzeit gefühlt überall entgegen. Auf meiner Lieblings- social Media Plattform, im Spam Ordner meines privaten Mailaccounts und vor allem in Form von Autokennzeichen die z.B. HN- BF oder BK- BF und dann irgendwelche Engelszahlen wie 555 oder 888 anzeigen. Ach Mist, jetzt muss ich das mit den Engelszahlen auch noch erklären, oder?

Na gut, aber vorher gebe ich lieber noch zu Protokoll, dass ich eine sehr leichte Form von Apophänie habe. Das ist kurz zusammengefasst eine Unterform der Schizophrenie, bei der man bedeutsame Muster in zufälligen und bedeutungslosen Einzelheiten der Umwelt wahrzunehmen vermeint.

Dieses Krankheitsbild widerspricht zwar vollständig der Theorie der Esoteriker und Spiritualisten, dass nämlich das Universum ein Bewusstsein hat und dass es uns ständig absichtlich und auf unseren momentanen Zustand passende Zeichen sendet, weil es so etwas wie Zufall gar nicht gibt. Alles ist vorherbestimmt, damit wir uns optimal spirituell weiterentwickeln können, aber das hat den Psychologen von Welt im 19. Jahrhundert scheinbar nicht interessiert.

In der Mathematik bezeichnet man das Prinzip der totalen Vorherbestimmung als Determinismus und das andere Prinzip wird Stochastik[6] genannt. Wir haben hier also zwei komplett konträre Aussagen, aber ich mag die Worte Determinismus und Apophänie einfach viel lieber als das Wort Stochastik. Das klingt, wenn man's genau betrachtet, sehr viel eher nach einer schwerwiegenden Erkrankung, die man dringend behandeln sollte.

---

[6] Okay, ich klugscheiße. Aber dein Problem. Du hast dieses Buch gekauft.

Aber zurück zu diesen Nummernschildern und Engelszahlen. Auf die wollte ich eigentlich noch eingehen.

Ich kannte bis vor zwei Jahren den Begriff Engelszahl gar nicht.

Für mich waren das einfach lustige Schnapszahlen, aber scheinbar hat jede von denen noch mal eine besondere Bedeutung.

888, die ich oben angeführt hatte steht angeblich für Fülle und Wohlstand.

Und die 555 steht für die Engel, die uns momentan in unserem Leben begleiten sollten.

Ich schreibe absichtlich "sollten", denn manchmal ist mir nicht so ganz klar, ob mich da echt ein Engel begleitet und in welchem Zustand der gerade so ist.

Hier muss ich dann leider zugeben, dass der Eindruck der Stochastik schon irgendwie überwiegt.

Möglicherweise wechseln sich im Universum stochastische und deterministische Zustände ab, hat darüber schon mal Jemand nachgedacht?
Ich mache das jetzt nicht, denn sonst kommen wir ja nie zu den wesentlichen Fragen, die mich so umtreiben, seit mir der Satz bei jeder Gelegenheit entgegenspringt:

1. Bin ich bereits verheiratet, auch wenn ich jetzt in Trennung lebe. Das scheint das Universum irgendwie verpasst zu haben. Deshalb der Verdacht mit dem abwesenden Engel.

2. Welchen meiner besten Freunde meint das Universum denn so ganz genau? Da gibt's nämlich mehrere.

Ich könnte diese Zeichen jetzt einfach ignorieren und mir sagen, ich kümmere mich darum, wenn es so weit ist.

Würde ja Sinn machen.

Ich habe nämlich beschlossen, zu warten bis der Tod meinen Exmann und mich scheidet. Ich finde, das ist die ehrlichste Lösung und mein Exmann hat seine Zustimmung gegeben, als er sagte:

"Also, wenn einer von uns zwei stirbt, dann zieh' ich nach Göppingen."

Aber zurück zu dieser Frage mit dem besten Freund: Meint das Universum damit eine reale Person, oder kann es sich dabei auch um einen fiktiven Charakter und oder noch besser um eine Maschine oder um ein Fahrzeug handeln?

Weil dann bevorzuge ich hier eindeutig mein Sportauto. Das würde ich vom Fleck weg heiraten.

Nur gibt's hier keine Drive- In- Kirche. Zumindest habe ich noch keine gesehen. Wäre doch mal ein modernes Kirchenkonzept finde ich.

Dann sollte der Slogan aber vielleicht lieber "Marry who or what you want" heißen.

Habe ich jetzt an einem Dogma gekratzt?

Ich hoffe nicht.

Ich liebe dieses Sportauto.

Man kann damit lustige Dinge machen, zum Beispiel durchgängig die linke Spur der Autobahn benutzen und heftig Lichthupe geben, wenn der Vordermann sich nicht schnell genug aus dem Weg räumt.

Oder kurzfristig von ganz links einfach nach rechts direkt die Ausfahrt rausfahren, zwischen den Lkws natürlich durch eine spontan geöffnete Lücke.

Mir doch egal, wie andere das finden.

Ich finde es geil.

Genauso wie spontanes, ruckartiges Beschleunigen auf Tempo 180.

Ich finde, jede Frau sollte ein Sportauto besitzen.

Das Universum hat dann aber tatsächlich die Unverschämtheit besessen, mir passend zu meinem Fahrverhalten eines Tages folgende Meldung im Radio zukommen zu lassen:

Eine Frau ist mit 240 Sachen auf einer Bundesstraße geblitzt worden. Sie war weder betrunken, noch stand sie unter Drogen. Sie ist nur zu schnell gefahren. Der Bericht war aber so formuliert, als hätte die Frau damit den dritten Weltkrieg angezettelt.

Die Kernmessage klang dann in meinen Ohren so: Als Frau soll man gefälligst anständig Auto fahren, was auch immer das genau bedeuten soll.

Wer Zeit und Lust hat, sollte mal einen Blick in eine Lokalzeitung seiner Wahl werfen.

Dort wird man mit Sicherheit mindestens einen Polizeibericht finden, bei dem ein Mann betrunken und ohne Führerschein vermutlich zur oder von der Bar seines Vertrauens unterwegs war und dann einen Unfall gebaut hat.

Das steht da echt oft drin.

Ganz klein am Rand.

Ich mein' ja nur.

Seit dieser Meldung im Radio jedenfalls stelle ich vor Antritt der Fahrt sicher, dass ich nicht das Radio, sondern den Entertainmentmodus mit Bluetooth aktiviert habe. Das Universum kann mich mal.

Wenn es hier um eine reale Person geht, dann fällt mir spontan ein Mann ein, zu dem ich seit 10 Jahren leider keinen Kontakt mehr habe, mit dem ich aber super gerne einfach nur so befreundet gewesen wäre.

Mein beinahe bester Freund quasi.

Kennt ihr diese Experimentalvideos, in denen die Leute Mentos in Colaflaschen werfen?

Das ist damals mit meinen Gefühlen für diesen Mann irgendwie passiert und das fand ich ganz blöd.

Ich musste dann den Kontakt erstmal abbrechen.

Gut, da kam vielleicht auch ein anderer Mann dazwischen, aber der gilt nicht.

Mit dem wollte ich ja nicht nur gut befreundet sein.

Nach zwei Jahren hatte ich mich endlich wieder im Griff und startete einen neuen Versuch.

Ich kürze es ab, der ging auch schief eben wegen dieser Gefühlsexplosion, die sich dann leider wiederholte.

Diese Gefühle sind manchmal echt gemein.

10 Jahre war Funkstille und jetzt meint das Universum plötzlich, ich soll genau diesen Mann heiraten?

Stellt euch mal vor, ich kontaktiere den und sage zu ihm, du, Tobi, das Universum hat gesagt, wir

gehören zusammen und müssen heiraten, sobald der Tod mich geschieden hat, denn du bist mein beinahe bester Freund schon immer gewesen.
Wie würde das denn klingen?
Eben.
Deshalb die Sache mit der Apophänie.
Ha, das Wort noch mal untergebracht, Yey.
Aber vielleicht probiere ich es wirklich mal, wenn ich nämlich mit diesem Buch reich und berühmt geworden bin. Und schreibe dann darüber ein neues Buch.

P.S:
Ich habe kurz nach dem Verfassen dieses Artikels erfahren, dass mein beinahe bester Freund bald heiraten wird.
Total crazy und ganz falsch interpretiert.

Das Universum hat nämlich einfach nur gesagt, dein beinahe bester Freund heiratet bald. Seine zukünftige Frau heißt Mary und ist Psychologin.

Das Universum macht mich fertig.

Armutszeugnis

Mein Exmann hat mir unter anderem die hohe Kunst des Understatements beigebracht.
Und da ich mein Wissen gerne teile, erkläre ich euch jetzt, wie das genau geht.
Für Leute, die jetzt wieder die Krise bekommen, wegen des englischen Begriffs: Understatement bedeutet so viel wie sein Licht nicht unter den Scheffel zu stellen. Also Bescheiden sein, obwohl man vielleicht gar keinen Grund dazu hat.
Ich glaube, das reicht an Erklärungen.
Jedenfalls ist die Regel einfach:
Man nehme ein riesiges, unübersichtliches Grundstück mit Bäumen und Sträuchern. Dort irgendwo am besten zentral sollte sich ein sehr altes, möglichst kleines Haus befinden. An der Außenfassade dieses Hauses sollte man absolut und überhaupt gar nichts Neu machen, außer vielleicht die

Fenster, falls die schon sehr alt sind. Und wer Lust hat, kann den Balkonboden entfernen, aber das Geländer sollte er unbedingt dran lassen.

Sollte das Haus über einen Anbau verfügen, dann diesen bitte zumauern, so dass man nichts mehr damit anfangen kann, trotz guter Aussicht.

Dann wahllos alten Krempel und Outdoorkinderspielgeräte um das Haus verteilen und fertig ist die Laube.

Innen kann man dann so nobel wohnen, wie nur irgendwie möglich. Carrera Marmor, Super teure Fließen importiert aus Spanien. Regendusche und Whirlpool inklusive aber auf zwei Bäder verteilt. Eine offene Küche mit einem Superhightech-Ofen und natürlich ein voll bequemes Kingsize Bett. Und das bei nur 80 Quadratmetern Wohnfläche.

Das muss man erst mal hinbekommen.

Die Leute denken ja, man lebt in einer Bruchbude.

Zumindest, solange man sie nicht ins Haus bittet, denken sie das.

Das gleiche gilt für den Kleiderstil:

Am besten sollte man die gleichen Sachen ewig tragen und bloß keine Markenware kaufen.

Immer leicht verdreckt herumlaufen in Gummistiefeln und ganz wichtig: Haare nicht kämmen und am besten lang tragen.

Nachbarschaftsneid kommt da nicht auf.

Ist egal, ob man im Haus dann einen Originalseidenkimono für schlappe 450 EUR trägt.

Die Außenwirkung ist das Wichtigste.

Und die sollte so ärmlich wie möglich sein.

Da kann man sich dann auch einen Audi TT in die nicht fertig gestellte Garage stellen, das juckt keinen.

Die Leute denken ja, das Auto kann nix sein, der muss kaputt sein.

Der Gesamteindruck der Verwahrlosung überwiegt da einfach den logischen Verstand.

Superpraktisch.

Das funktionierte bei meinem Exmann und mir, als wir noch zusammenwohnten, so gut, dass die Kinder des Nachbarn dachten, wir würden im zugemauerten Anbau wohnen.

Leider kann ich hier aus Datenschutzgründen kein Foto unseres Hauses anfügen, aber vielleicht war die Beschreibung oben ja bildhaft genug.

Wenn man sich so verwahrlost gibt, dann haben die Leute sehr viel Mitleid und Verständnis.

Ich finde diese Methode viel angenehmer, als dieses Übertrumpfen mit wer hat mehr Autos, mehr Häuser, wer hat den besten Mähroboter etc. pp.

Leider habe ich die zum Understatement ambivalente Neigung zur Angeberei, deshalb hat das bei mir nur eine Zeitlang gut funktioniert.

Und außerdem trage ich gerne saubere Kleidung.

Und ich liebe den Duft von frisch gewaschener Wäsche.

Und ich mag verlottert aussehende kleine Häuser ohne Balkon nicht, egal wie schön die innen eingerichtet sind.

Und außerdem liebe ich es, mit meinem Sportauto durch die Stadt zu fahren und die geschockten Gesichter der Menschen um mich zu sehen.

Eine minderjährig aussehende Migrantin in einem Sportauto.

Immer wieder schön.

Jedenfalls fand ich das Understatement trotzdem gut bis ich herausgefunden habe, dass mein Exmann mit seinem Vermögen zu den reichsten 11% der Weltbevölkerung gehört. Das ist der Teil der Bevölkerung, der ein Vermögen zwischen 100k und 1Mio EUR besitzt. Crazy, oder? (Stand 2022)

Überlegt euch das mal; die reichsten 11%.

Danach kommen nur noch 2% der Weltbevölkerung, die knapp 60% des Weltvermögens besitzen. Aber vielleicht liest du dieses Buch ja erst im Jahr 2036, wenn ich dann zu den 0,0001 % der Weltbevölkerung zähle, denen 99% des Weltvermögens gehört, weil ich bis dahin, obwohl ich eine Frau bin, die Welt-*Herrschaft* mit meiner disruptiven Technologie an mich gerissen haben werde, Muahahaha. Kleiner Scherz. Vielleicht.

Ich fand das dann irgendwie erbärmlich, dass mein Exmann so reich ist, sich aber als so arm ausgibt. Vom Understatement habe ich deshalb seit längerem wieder abgesehen.
Aber da ich neuerdings Hundesitting mache und mich der Hund jedes Mal, wenn wir uns sehen, anspringt und mich von oben bis unten verdreckt mit den Pfoten, komme ich trotz Angeberei in den Understatement Modus, was mit missbilligenden

Blicken von einigen Müttern auf einem Spielplatz gestern quittiert wurde. Ich konnte richtig sehen, wie es in ihren Gesichtern gearbeitet hat. Vor allem, als ich erwähnte, dass ich in Elternzeit bin, da war das Interesse weg.

Warum definieren wir uns eigentlich so sehr über Äußerlichkeiten und über Leistung?

Ich finde das amüsant und ärgerlich zugleich.

Und hier noch mal die zentrale Info dieses Artikels:

Innen ist nicht außen.

Außer es handelt sich um eine Wendejacke.

Die kann man einmal einfach andersherum anziehen.

Dann ist sie auch wieder sauber.

Zumindest, bis der Hund wieder drauf springt.

Ich glaube, ich habe noch Wäsche im Trockner, fällt mir gerade so ein.

Bis später.

Dumm und dümmer

Ich sehe mich selbst gerne als Taskforce für einige in ihren kulturellen Prägungen dezent festgefahrene Menschen an. Und wie bereits erwähnt, ich liebe es, Weltbilder zu zerstören. Aber ich bin selbst immer wieder schockiert darüber, wie tief bei meinem Anblick in die Klischeekiste gegriffen wird. Alltagsrassismus nennt man das, glaube ich, wenn man regelmäßig als ausländisch aussehende deutsche Person mit komischen, teils auch indiskreten Fragen kompromittiert wird.

In meinem letzten Projekt traf ich zum Beispiel auf einen Mann, der auf mich eigentlich einen zu intelligenten Eindruck gemacht hat, um dann folgenden gesprächseinleitenden Satz an mich loszuwerden: "Und, wie lange bist du schon in Deutschland?" Ich war kurz perplex, dann antwortete ich:

"Mein ganzes bisheriges Leben so ziemlich", was ihn dann ebenfalls sichtbar überraschte.

Insgesamt war mir dieser Mann aber sehr sympathisch.

Wir unterhielten uns über meine Trennungssituation und ich mochte ihn auch dann noch, als er mir eröffnete, dass seiner Meinung nach das Hauptproblem der Ehen und Beziehungen darin bestünde, dass viele Frauen sich Männer suchen würden, die intelligenter als sie selbst wären und dass bei den Männern deshalb der Eindruck entstünde, Frauen wären dumm.

Ich konnte diese Aussage inzwischen widerlegen, denn ich habe mich bisher ausschließlich mit Idioten weit unter meinem Bildungsniveau abgegeben, sogar mit einem oder vielleicht auch zwei Männern aus ganz prekären Verhältnissen am Rande der Obdachlosigkeit.

Mein Fazit lautet jetzt:

Auch der dümmste Mann hält sich noch für klüger als eine Frau, wenn er Frauen generell nicht wertschätzt.

Ich denke, das ist das eigentliche Problem:

Die Objektifizierung der Frau und die Missachtung ihres Wertes.

Siehe Zerstörung der Mutter Erde.

Unseres Heimatplaneten.

Dem einzigen Planeten, der hier so herumfliegt, auf dem man aktuell eigentlich ganz gut leben kann.

Noch.

Aber was weiß ich schon.

Ich bin nur eine Frau.

In dieser Welt zumindest.

Ich hoffe immer noch darauf, eine Welt zu finden, in der ich eine Werwölfin sein darf.

Oder der wütende Hulk.

Oder eine Kombination aus beidem.

Machen wir lieber beim nächsten Kapitel weiter, sonst muss ich hier noch reinschreiben, dass Femizide letztes Jahr auf Rekordniveau lagen und dass es scheiße ist, Frauen zu objektifizieren.

Außerdem müsste ich dann auch noch zugeben, dass ich, obwohl ich eine Frau bin, Männer objektifiziere und das führt dazu, dass Männer sich zu Recht vor mir fürchten und mich meistens nach kurzer Zeit zu meiden beginnen.

Ehrlich wahr.

Wenn du weißt, wer ich bin, du ein Mann bist oder eine Frau mit Penis und du keine Angst hast, beim ersten Date von mir auseinandergenommen zu werden mit Blicken und Worten, dann darfst du dich gerne bei mir melden.

Aber stell dich drauf ein, dass ich dich, falls ich dich nicht als Spielzeug benutzen kann, in einen Karton stecken und als Retoure zurücksenden werde an eine Packstation deiner Wahl.

Ich liebe Packstationen.

Ich hoffe du auch.

Sonst brauchst du dich gar nicht zu melden.

Ach, hattest du eh nicht vor?

Gut so.

Porto gespart.

Der Schwabe in mir dankt dir für diesen weisen Entschluss.

Zauberhafte Aussichten

13,4 % der Deutschen glauben noch an Hexen.

Das habe ich vor einigen Monaten in den Nachrichten gehört.

Verrückt, oder?

Die Menschen glauben nicht an die einzig wahre Liebe und nicht mal an sich selbst, aber an Magie glauben sie noch.

Witzig.

Mich hat diese zweistellige Zahl positiv überrascht, denn ich bin eine Hexe.

Aber keine Angst.

Ich bin eine gute Hexe.

Ich spreade ausschließlich positive Vibes.

Außer es handelt sich um meinen Exmann.

Vielleicht habe ich mal versucht, ihn durch Manifestation eines schwarzen Lochs nur über seinem Grundstück in eine andere Galaxie zu verbannen, damit er aufhört, mir bei jeder Gelegenheit Gemeinheiten an den Kopf zu werfen, aber diese Manifestation war bisher leider für die Katz'.

Er ist noch da und die Gemeinheiten auch.

Schade.

Vielleicht glaube ich auch einfach zu wenig daran.

Je mehr Menschen nämlich an etwas glauben, desto realer wird die Sache.

Getreu dem Motto: Der Glaube versetzt Berge.

Das ist wirklich so.

Überlege dir mal, wann du zuletzt etwas ganz fest geglaubt hast, und dann ist es genau so auch passiert. Das kann auch etwas ganz Banales sein, zum Beispiel der Glaube an den Sieg der Lieblings-Fußballmannschaft oder an das Happy End eines amerikanischen Liebesfilms, obwohl es für die Protagonisten momentan nicht gut aussieht.

Mir fallen jetzt keine anderen Beispiele ein.

Für mehr Informationen empfehle ich einen Blick ins Neue Testament.

Jesus war nämlich auch eine Hexe.

Pardon.

Ein Magier.

Das klingt besser.

Er wird in irgendeinem Kapitel, das ich jetzt leider nicht zur Hand habe von der Maria von Magdalena sogar als Meister bezeichnet.

Voll cool.

Ein Meistermagier.

Jedenfalls dürfte bekannt sein, dass Jesus unter anderem Wasser zu Wein verwandeln konnte und Lahme wieder zum Gehen gebracht hat.

Wie krass muss der drauf gewesen sein.

Ihn dafür zu kreuzigen war echt ganz schön daneben.

Schon allein wegen dieser Weinsache.

Oder kann einer von euch inzwischen Wasser zu Wein verwandeln? Also so aus dem Stehgreif, nicht über den normalen Herstellungsprozess.

Nein?

Tja, blöd gelaufen.

Aber stellt euch mal vor, jemand hätte das von Jesus gelernt, also Wasser zu Wein zu verwandeln. Ich bin mir sicher, Kreuzzüge und mühevolle Missionarsarbeit wären viel angenehmer von der Hand gegangen, wenn da mehr Wein im Spiel gewesen wäre.

Naja.

Ich mag Wein nicht sonderlich, deshalb ist mir das egal.

Außer es ist Schokoladenwein.

Aber denn gibt's nur saisonweise.

Beim Thema bleiben?

Ja, okay, von mir aus.

Ich war beim Arzt und dort habe ich einen sehr schönen Spruch gelesen, während ich auf mein Rezept gewartet habe:

Große Dinge werden durch Mut errungen, größere durch Liebe, die größten durch Geduld.[7]

Geduld ist jetzt nicht gerade mein zweiter Vorname, auch nicht mein Dritter, aber ich lerne momentan ganz intensiv, dem Universum zu vertrauen und geduldig zu bleiben, indem ich viele Dinge einfach unterlasse. Normalerweise bin ich so ein Sturm- und Drangmensch, aber seit zwei Monaten übe ich mich eisern in der hohen Kunst der Zurückhaltung mit Worten und auch mit Taten.
Teilweise geht das sogar so weit, dass ich andere einfach ihren Job machen lasse, ohne mich einzumischen.

---

[7] Peter Rosegger (1843-1918)

Ja, ihr habt richtig gelesen: ich mische mich Nirgendwo mehr ein.

Ich lebe mein Leben und die anderen leben ihres.

Und das ist genau gut so.

Ich finde diesen Zustand sehr angenehm.

Er nimmt mir nämlich den Druck raus, anderen gerecht werden zu müssen.

Es gibt im gesamten Universum nur eine Person, der ich es recht machen muss und das ist nicht meine Schwiegermutter.

Der Fisch isch putzt, würde sie sagen.

Ich rede von mir selbst.

Nur ich selbst weiß, wie ich glücklich werden und bleiben kann.

Und neulich habe ich gelernt, dass es eh egal ist, wie andere mich finden, denn Gott liebt mich anyway.

Zu wissen, dass Gott einem liebt, ist auch ein tolles Gefühl übrigens, wenn nicht sogar das Beste.

Und man muss absolut nichts dafür ändern. Egal, was man anstellt, Gott liebt uns. Immer.

Ich habe mir neulich eine Kettensäge bestellt, weil ich vom handgefertigten Bett meines Vaters die Füße absägen möchte. Man kann das Bett sonst nicht an die Wand stellen. Die Füße bewirken, dass man es gefühlt zentral im Raum aufstellen muss. Das ist sehr unpraktisch in einem 9 Quadratmeter kleinen Kinderzimmer mit Dachschräge.
Jedenfalls, selbst wenn ich diese Füße jetzt absäge mit dem Gedanken daran, den Kopf meines Ex-mannes von seinem Nacken zu trennen, damit er nicht mehr gemein zu mir sein kann, bleibe ich trotzdem in der Liebe Gottes.
Super Sache!
Das Bett hat übrigens vier von diesen Füßen.
Für die anderen drei Füße überlege ich mir dann, ob ich jedes Mal den Kopf meines Exmannes

visualisiere, oder ob ich vielleicht auch das Einhorn einmal kille, weil es den Jesus nicht herausgerückt hat.

Wer jetzt confused ist, der sollte das Kapitel *Mission abbrechen, Mission abbrechen!* nochmal lesen.

Und danke, dass du dieses Buch gekauft hast.

Qualitätskontrolle

Irgendjemand, der mit Sicherheit Stochastiker[8] gewesen sein muss, hat kurz nach der Erfindung des Kunststoffs in den 60er Jahren einfach mal ganz frech behauptet, dass dieses Material mindestens 500 Jahre lang hält. Um es in Generationen auszudrücken: Dein Urururur-Enkel könnte theoretisch noch dein Legospielzeug benutzen und es wäre so fresh wie heute.

Das "theoretisch" war Absicht.

Ich habe vor 4 Wochen Toastbrot eingefroren, das wollte ich heute aus dem Fach meiner Gefrierkombination nehmen. Als ich nach dem Beutel mit dem Brot gegriffen habe, sind mir die gefrorenen Scheiben einzeln entgegengefallen; der Beutel selbst-

---

[8] Aha, du hast das Kapitel *Marry your best friend* übersprungen, gibs zu!

natürlich aus hochwertigem Plastik- zerkrümelte vor meinen erstaunten Augen.

Mein älterer Sohn hatte eine Matsche Hose aus einem mit Plastik versiegelten Material. Ich habe den Poly-Namen nicht parat, ist auch egal. Die Hose war maximal 2 Jahre alt, als sie damit begonnen hat, sich wie eine Schlange zu häuten. Nur leider erschien darunter keine neue Haut- halt doch: Nämlich die meines Sohnes, aber eigentlich sollte der Matsch ja an meinem Kind ab- und nicht aufprallen.

Ich habe diese Hose, beziehungsweise das, was von ihr noch nicht vom Winde verweht worden war, wie auch den hochwertigen Plastikbeutel für mein Toastbrot natürlich weggeworfen.

Mein Exfreund hatte einen Pürierstab, bei dem der Edelstahlteil noch unversehrt war, während der Kunstgummigriff sich in etwas verwandelt hat, das ich spontan als glibberige Antimaterie bezeichnen würde. Der Pürierstab war 5 Jahre alt. Wir haben ihn, Überraschung, weggeworfen.

Zwischen 500 Jahren, 5 Jahren, 2 Jahren und 4 Wochen liegen Pi mal Daumen 500 Jahre.

500 Jahre kürzer gehalten als versprochen!

Ich würde sagen, das ist ein Fall für die Versicherung.

Ich kann mir gerade nicht vorstellen, dass der Mensch, der sich zu der Aussage mit der Langlebigkeit des Plastiks hat hinreißen lassen, wirklich wusste, was er da eigentlich sagt.

Ich weiß, ich weiß, ich höre mir manchmal auch nicht zu, während ich rede. Aber ich behaupte auch nicht, ein Material entwickelt zu haben, das ewig halten wird, ohne es dann diese Zeitspanne über dann auch mal getestet zu haben.

Plastik ist jetzt immerhin schon ca. 64 Jahre im Umlauf- also in der aktiven Testphase.

Dann müssen wir und unsere Nachfahren jetzt nur noch lächerliche 436 Jahre durchhalten, um zu erfahren, ob das Material wirklich halten wird, was es versprechen will- oder so ähnlich.

Zur besseren Einordnung: Der Amazonasregenwald ist bis dahin schon längst Geschichte, weil dessen vollständige Abholzung 136 Jahre vorher erfolgt sein wird. Kein Scherz. Kann man im Internet recherchieren.

Ah, vielleicht war's auch schon früher so weit. Steigt ja exponentiell an, diese Abholzungsrate. Egal.

Denn eigentlich macht es überhaupt nichts aus, dass wir jetzt nicht wissen, was genau mit dem Plastik der Zukunft passiert.

Man muss es positiv sehen:

Wir sind jetzt halt alle Teilnehmer eines großartigen Experiments. Wir verlassen uns auf ein Material, das aufgrund einer noch nicht verifizierbaren Aussage als sicher angesehen wird. Ich könnte noch mehr Beispiele anbringen, dass hier dringend genauerer Untersuchungsbedarf besteht.

Mache ich auch, weil es meine Begeisterung für nicht vorauskalkulierte Katastrophen zum Ausdruck bringt:

Beispielsweise diese Sache mit dem Acrylglasbruch unter extremen Witterungsbedingungen. Oder diese ganzen angeblich UV-stabilen Sonnensegel, die nach ca. 4-8 Jahren seltsamerweise wie von allein zerfleddern und sich buchstäblich in Luft auflösen. Oder noch besser: Autobatterien. Ja, genau. Autobatterien und überhaupt alles, was aus Plastik besteht. Und Plastik besteht ja zum Teil auch aus Erdöl. Und was passiert mit Öl, wenn man ein Feuerzeug dranhält? Genau: Flammendes Inferno. Super.

Ich wollte eigentlich mal ein Buch schreiben, bei dem die Protagonisten so ein Apokalypsemashup überleben müssen. Und zwar vereinigen sich da meine Lieblingsapokalypsen zu einem Alien-Vampir-Zombie-Meteorit-Klimakatastrophen-Fallout-Armageddon.

Diese Sache mit der Fehlkalkulation der Qualität des Plastiks habe ich da gar nicht miteinbezogen. Ich glaube, das baue ich auch noch mit ein. Weil dann kommt noch ein Inferno- Armageddon dazu. Das Alien-Vampir-Zombie-Meteorit-Klimatakatastrophen-Fallout-Inferno-Armageddon.

Ach Mensch, da geht mir jetzt echt das Herz auf. Ich blende hier ein diabolisches Lachen ein.

Schön, dass es Menschen gibt, die sich ohne nennenswerte geophysikalische oder ökologische Kenntnisse dazu entscheiden, aus ökonomisch-marketingrelevanter Sicht gewinnbringende Aussagen zu machen.

Ihr seid die Besten.

Lügen haben kurze Beine

Ich gehe sehr gerne ehrlich durch die Welt. Scheinbar bin ich damit aber allein, weshalb ich versucht habe, mich anzupassen.
Ich habe also versucht, zu lügen.
Ich sage versucht, denn schon beim Verfassen der Lügengeschichte hatte ich das deutliche Gefühl, das kann nur schief gehen. Kennt ihr den Begriff selbsterfüllende Prophezeiung?
Genau das ist passiert.
Aber von vorne.
Ich mache gerade intensives Real-Life-Social-Distancing. Heißt, ich bleibe zuhause. Leider bin ich immer noch viel zu viel am Smartphone und habe die Eigenschaft, mich verpflichtet zu fühlen, auf die digital mitgeteilten Sorgen und Nöte meiner Mitmenschen einzugehen.
Zum Beispiel auch auf die meines Vaters.

Er muss zum Augenarzt.

Das ist nichts Dramatisches.

Eine reine Routineuntersuchung.

Das Problem ist aber, dass mein Vater in Crailsheim wohnt, der Augenarzt seine Praxis aber in Heilbronn hat. Mein Vater hat kein Auto. Normalerweise fährt er mit der Bahn zu meinem großen Bruder, der in der Nähe von Heilbronn wohnt und jemand aus der Familie bringt ihn dann zum Arzt. Mein großer Bruder ist aber seit zwei Wochen krank und kann meinen Vater nicht zum Arzt fahren, weshalb mein Vater mir lang und breit erklärt wie und wann er die Bahn nehmen muss und dass er dann lange Wartezeiten hat und es aber nichts ausmacht und er das bestimmt locker schafft.

In der Regel höre ich mir seine Ausführungen an und wünsche ihm anschließend viel Glück. Aber irgendwie überkommt mich diesmal Mitleid und ich schlage ihm vor, dass ich ihn abholen kann. Er muss dann bei mir übernachten, sonst kann ich am nächsten Tag die Kinder nicht bei meinem Exmann abholen und zur Betreuung fahren.

Das Ganze wird logistisch für mich eine echte Herausforderung und ich muss zusätzlich meinen Exmann um Hilfe bitten- etwas das ich nicht gerne mache.

Ich rufe also meinen Exmann an, nachdem mein Vater und ich aufgelegt haben und trage nach Genehmigung von seiner Seite aus die Betreuungszeit der Kids in seinen Kalender ein.

Mein Exmann teilt, gütig wie er ist, nämlich seinen digitalen Kalender mit mir. Seine Terminerinnerungen haben mich schon mehrfach an den Rand eines Herzinfarkts gebracht, denn ich denke oft, ich hätte einen Termin vergessen, dabei betrifft mich das Happening überhaupt nicht.

Nachdem ich die ganze Aktion in trockene Tücher gepackt habe, fällt mir auf, dass ich keine Lust habe, meinen Vater bei mir aufzunehmen. Nicht mal für eine Nacht.

Ich erinnere mich, dass ich meinen Kernphysikerfreund einige Tage zuvor ebenfalls angelogen habe. Und zwar habe ich behauptet, ein Date mit einem Mann zu haben, der zwar existiert, aber vollkommen außerhalb meiner Reichweite liegt. Ich wollte damit verhindern, dass wir am Wochenende telefonieren- also mein Kernphysikerfreund und ich und es ist mir nicht gelungen leider, das auch einfach so zu sagen.

Diese Idee greife ich auch bei meinem Vater auf. Er kann ja schlecht sagen, dass ich das Date nicht haben darf, weil er bei jedem Telefonat betont, wie sehr er sich einen neuen Partner für mich wünscht. Ich sage meinem Vater also locker ab, möchte dann aber vermeiden, dass ich das Fakedate vergesse und trage es deshalb in den Kalender ein.

Jetzt ist es so, dass der Kalender, den man zuletzt gewählt hat, auch für die folgenden Termine automatisch übernommen wird, wenn man den nicht wieder manuell ändert.

In meinem Fall ist das der Kalender meines Exmannes.

Am nächsten Tag erreicht mich dann die folgende Nachricht, als ich vom Hundesitting nach Hause zurücklaufe und mein Smartphone checke:

Hoppla!
Wegen einem 2. Date mit Lars (s. Kalender) brauchst Du die Kids am 07.02. Nicht bei mir entsorgen.
Überhaupt möchte ich Deine Dates nicht in meinem Kalender haben.

Ich habe selten länger über meine Dummheit gelacht.

Und gehofft, meinen Exmann mit diesem Termin auch endlich mal an den Rand des Herzinfarkts gebracht zu haben.

Zum Thema Datenschutz

Wusstet ihr, dass Datenschutz im Erbfall auch nicht mehr greift?
Jaha, ich habe geerbt, uuh.
Aber ihr müsst nicht neidisch sein, denn das Geld war weg, bevor ich es erhalten habe.
Es ist nämlich nach Auszahlung 1:1 auf das Darlehenskonto meines Vaters geflossen und hat ihn damit spät aber nicht zu spät schuldenfrei gemacht.
Das wollte ich schon erledigen, seit ich 15 war.
Mir hat es damals bereits missfallen, dass meine Eltern so viele Schulden bei der Bank hatten und ich finde, es drückt das Lebensgefühl enorm, wenn man jemandem etwas schuldet.
Man kann so etwas nämlich nicht vergessen.
Ich schulde einem Klassenkameraden seit 2000 immer noch die Rückgabe einer Deutschrap- CD.

Und meinem ehemaligen Arbeitskollegen schulde ich seit 2016 noch die Rückgabe eines Videospiels.
Und meinen ehemaligen Kommilitonen-
Okay, ihr habt es kapiert, nehme ich an.
Jedenfalls lag ich eines Abends im Jahr 2021 kurz nach der Geburt meines zweiten Kindes im Bett und dachte nach.
Ich hatte einige Tage zuvor mit meinem Vater telefoniert und ihn gefragt, wie viele Schulden er denn noch so bei der Bank hat.
Er sagte etwas von 12k Euro.
Später stellte sich dann heraus, dass es knapp 29k waren.
Mathe und mein Vater stehen scheinbar auf Kriegsfuß.
Vielleicht hat ihn aber die Höhe der Summe emotional zu sehr belastet und da hat er sie einfach gedanklich minimal nach unten korrigiert.
Egal.

Ich hatte die Summe gesagt bekommen und lag an besagtem Abend im Bett und dann habe ich mir fest vorgenommen, dass ich, wenn ich zu Geld kommen sollte, das natürlich nicht mein Eigenes ist, meinem Vater diese Schulden bei der Bank tilgen würde.

Etwa eine Woche später rief mich mein Vater sehr aufgeregt an und erzählte etwas von einem Erbe und von Verarsche.

Ich bat ihn um die Telefonnummer des Verwalters und siehe da, ich hatte einen verstorbenen Erbonkel mütterlicherseits, der ca. 500k an 22 Leute vererbte.

Praktisch so ein Erbonkel, wirklich.

Und super Timing hingelegt.

Ich werde dir, lieber D.A.E. ewig dankbar dafür sein, dass du dein Geld so vorbildlich für die Nachkommen aufgespart hast.

Du bist der beste, typisch schwäbische Erbonkel aller Zeiten.

Aber zurück zum Datenschutz:

Ich kenne jetzt alle anderen 21 Erben mit genauen Daten und Wohnort. Man muss das nämlich notariell festhalten, so eine Testamentsvollstreckung. Da stehen von allen Beteiligten die ganzen wichtigen Daten - auch das Geburtsdatum und, wichtiger, der aktuelle Wohnort- drin.

Ich müsste also nur mit meiner neuen Kettensäge dahinfahren und könnte mir das restliche Geld von allen anderen Erben einfach so "besorgen".

Mache ich nicht.

Zu hohes Risiko.

Ich hasse Risiko.

Außer ich bin verliebt.

Aber auch da lerne ich langsam, auf Nummer Sicher zu gehen, indem ich nämlich Folgendes mache:

Ich bleibe Zuhause.

War das nicht irgendein Slogan während Corona?

Für mich gilt der jedenfalls immer noch.

Okay und jetzt noch eine positive Info an euch, wenn ihr mal erben solltet und nur entfernt verwandt seid:

Ahnenforschung erübrigt sich dadurch ebenfalls.

Ich finde das abseits von der Preisgabe meiner eigenen privaten Daten super.

Drei oder vier Generationen kann ich dank diesem einen Erbonkel jetzt zurückverfolgen.

Klasse.

Damals, mit 15, hatte ich mir die Rückzahlung der Schulden meiner Eltern folgendermaßen vorgestellt:

Ich, im Anzug und mit Sonnenbrille wegen des Coolnessfaktors stürme mit einem Aktenkoffer voller Bargeld in die Bank und knalle denen das Geld auf den Tisch und sage so was wie: "Da habt ihr, ihr Bastarde und jetzt lasst meine Familie in Ruhe!"

In Zeiten von Onlinebanking und auch aufgrund der Tatsache, dass ich jetzt erwachsen zu sein scheine, lief das Ganze tatsächlich dann aber folgendermaßen ab:
"Guten Tag Frau XY, vielen Dank für Ihren Rückruf. Ich hatte Sie angerufen, weil ich noch die IBAN für das Darlehenskonto meines Vaters benötige. Das Erbgeld ist gekommen und ich möchte die besprochene Sondertilgung dann jetzt sehr gerne vornehmen."
"Das ist sehr großzügig von Ihnen, aber wollen Sie das wirklich machen? Es ist ihr Geld."
"Nein, es ist nicht 'mein Geld', sondern das Geld meines toten Onkels."
"Aber wollen Sie es nicht verwenden, um damit Urlaub zu machen?"

"Ich war letzten Monat schon im Urlaub."

"Dann kaufen Sie sich halt ein neues Auto."

"Ich habe schon zwei Autos."

"Sie haben schon zwei Autos?", echote die Bankberaterin, jetzt leicht aus der Fassung gebracht.

"Ja, habe ich. Ich brauche kein Drittes. Und jetzt die IBAN. Bitte."

Aber Pronto.

Habe ich natürlich nur gedacht, nicht gesagt.

"Ich finde das sehr großzügig von Ihnen, dass sie das für Ihren Vater machen. Ich gebe Ihnen gerne die IBAN durch."

IBAN notiert, Sondertilgung durchgeführt and that's it.

Aus Datenschutzgründen verzichte ich hier auf die Angabe der IBAN des Darlehenskontos und den Namen der Bankberaterin.

Tschau.

Epilog: Emotionale Einfärbung

Ich bin letzte Woche nichtsahnend zum Möbelhaus meines Vertrauens gefahren und was hat mich direkt im Eingang zur Möbelschau als erstes angesprungen? Stoffgeparden, reduziert von 19,99 EUR auf 9,99 EUR!

Nicht einmal, wenn die gratis gewesen wären, hätte ich die gekauft.

Ich bin wutschnaubend dran vorbeigelaufen.

Bilder oder Fotos oder Geburtstagskarten von Raubkatzen oder Raubkatzen als Stofftiere machen mich neuerdings unglaublich aggressiv.

Es liegt daran, dass mein Lieblingskollege mir ganz am Anfang unserer Freundschaft von seiner Traumfrau erzählt hat.

Und zwar ist es eine gefleckte Frau. Ich dachte zunächst peinlicherweise an eine Giraffe, dann an

Feirefiz aus Parzival- fragt mich nicht warum, mein Gehirn hat da halt eine Assoziation in Gang gesetzt- bis mein Kollege mich darüber aufgeklärt hat, dass es sich dabei um eine Katzenfrau handelt.
"Also eine Leopardin?", fragte ich.
"Nein, eher eine Gepardin" sagte er. Ich habe mir dann mal die Mühe gemacht, das Traumsymbol Gepardin im Internet zu recherchieren und herausgekommen ist die Info, dass es sich dabei um einen sehr zielstrebigen, organisierten Menschen handelt, der genau weiß, was er will.
Mit anderen Worten: Ich bin die Gepardin.
Davor dachte ich ja eigentlich immer, ich sei ein Werwolf, aber Gepardin scheint besser zu mir zu passen.
Ich habe meinem Lieblingsarbeitskollegen das auch genauso gesagt, aber er hat mir leider nicht geglaubt.

Er glaubt, glaube ich, generell nicht an so Dinge wie ewige Liebe und Treue.

Schade.

Ich bin ja raus aus dem Betrieb, aber seit dieser Info sehe ich immer überall und ständig Geparden und Leoparden und Tiger und Pumas und Panther und Hauskatzen und das kotzt mich an!!!

Diese ganzen Raubkatzen erinnern mich an mein Scheitern bei dem Versuch, mit eben diesem Lieblingskollegen endlich aus der Workzone herauszukommen und ihm klarzumachen, dass ich die einzig wahre Frau für ihn bin, bitte schön.

Emotionale Einfärbung nennt man das, wenn man Symbole mit bestimmten Situationen so stark verknüpft hat, dass man gedanklich und mit den Empfindungen sofort wieder in die Situation zurückgezogen wird, sobald eines der Symbole auftaucht.

Darin scheine ich Meister zu sein, also im seriellen exzessiven Abspielen von emotional eingefärbten Situationen.

Die Lieblingsszene aus meiner emotional eingefärbten Vergangenheit ist der Moment, in dem ich im Jahr 2012 verzweifelt in der Mensa der Uni stehe und nicht weiß, wohin meine Gruppe entschwunden ist, weil ich bei der Auswahl meines Essens mal wieder getrödelt und deshalb den Anschluss verloren habe.

Mein beinahe bester Freund, der genau gesehen hat, dass ich die Orientierung verloren habe, steht also für mich auf und winkt mich zur Gruppe.

Das war für mich, als würde die Sonne in diesem Raum aufgehen.

Eine wundervoll eingefärbte Emotion.

Das liegt daran, dass ich meinen beinahe besten Freund als den schönsten Mann Deutschlands empfunden habe, auch wenn er noch einen Bruder hat, der genauso aussieht.

Ich kann also diese Szene immer und immer wieder in meinem Kopf abspielen, egal wo ich bin und was ich gerade so mache.

Und dann habe ich sofort gute Laune.

Wer jetzt Lust bekommen hat, seinen bisher schönsten Moment im Leben gedanklich abzuspielen, feel free.

Ist gratis, bestimmt besser als nervige Yoga-Verrenkungen und man braucht nicht mal irgendwelche Rituale dafür.

Bist du jetzt happy?

Gern geschehen.

Die emotionale Erfahrung mit meinem Lieblingskollegen dagegen findet sich bei mir ganz nah beim Gedankenmüll wieder.

Vielleicht war sie auch schon drin, aber jedes Mal, wenn ich eben so eine f∗∗ Raubkatze sehe, dann wird dieses ganze schrecklich schöne halbe Jahr wieder hochgespült und mein internes Programm geht in den sinnlos- aktivierte- Wut- und Verzweiflungsmodus.

Ich muss also aus dieser Situation wieder herausfinden, indem ich sie emotional entfärbe-

oder, indem ich alle Raubkatzen, deren Fotos und Bilder und Stoffversionen, Fellimitate und Kostüme vollständig beseitige.

Das klingt doch nach einem Plan.

Blöd nur, dass ich mein Pseudonym für dieses Buch auch G. E. Pardin genannt habe, damit mein Lieblingsarbeitskollege genau weiß, wer das Buch für ihn verfasst hat.

Naja, ich hoffe, ich lande im nächsten Leben auf einem Planeten ohne jegliche katzenähnliche Spezies.

Danksagung

Liest die überhaupt jemand?

Also zuallererst möchte ich mir selbst dazu gratulieren, dass ich es wirklich geschafft habe, ein für mich maximal erheiterndes und informatives Buch innerhalb von 2- 3 Monaten zu verfassen und dann auch noch zu veröffentlichen.
Ich bin extrem stolz auf mich.
Okay genug Eigenlob gespreaded. Igitt, das ist ja ekelhaft.

Weil ich aber super wenig Motivation habe, hier so viele Namen in der Danksagung aufzulisten, sage ich einfach nur danke an alle, die sich dieses Buch gekauft haben, an das Universum und den ganzen Rest.

Euer monetärer Einsatz ermöglicht mir hoffentlich bald ein Leben in Saus und Braus.

Eure G. E. Pardin

Impressum

© 2024 G. E. Pardin aka D. Jeanpierre

Alle Rechte vorbehalten. Nachdruck, auch auszugsweise, sowie Verbreitung durch Bild, Funk, Fernsehen und Internet, durch fotomechanische Wiedergabe, Tonträger und Datenverarbeitungssysteme jeder Art nur mit vorangegangener schriftlicher Genehmigung der Autorin möglich.

Kontakt:

D. Jeanpierre, Postfach 32, 71718 Oberstenfeld

Social Media:

Instagram: desiredetnoch

Whatsapp Kanal: G.E.Pardin

Spotify: Ayolafee

Bild auf Titelseite: dream by WOMBO

Foto im Kapitel Hey, Daniel F.: Fundus Autorin

ISBN 978-3-00-078556-6

Printed in Poland
by Amazon Fulfillment
Poland Sp. z o.o., Wrocław